Social Media Marketing

La Guida Definitiva per Avere Successo su Facebook ed Instagram; La Strategia Vincente su Instagram e Come Creare Campagne Pubblicitarie Profittevoli su Facebook

W0338744

Francesco Mariani

Instagram Marketing

La guida più completa, casi studio, la strategia vincente su Instagram, come crescere, la tattica da usare con gli influencer, come avere una pagina interessante e come vendere!

Di: Francesco Mariani

Table Of Contents

Introduzione

Viviamo in un mondo in cui è indispensabile saper vendere qualcosa e vendersi in prima persona per avere successo. Del resto, anche Arnold Schwarzenegger, uomo che ha avuto successo in quattro settori diversissimi tra di loro (sport, cinema, imprenditoria, politica) ha sempre detto che una delle sue regole di vita è stata quella di imparare a vendere e a vendersi.

Tutto ruota attorno a questa semplice regola, devi convincere le persone che sei la persona giusta al posto giusto e che hai quello che loro vogliono (e che spesso non sanno nemmeno di volere davvero), e che con quel prodotto risolverai un loro bisogno fondamentale.

Dimentica tutti i seminari psicologici ai quali puoi avere assistito e quelle che io definisco "supercazzole" (dei discorsi pieni di paroloni ma che alla fine sono solo forma e poca sostanza), per vendere si deve solo verificare una condizione che è questa: avere un prodotto o un servizio che risolve un problema urgente per cui le persone sono disposte a pagare.

Tutto qui, niente di più, niente di meno.

Individuare un bisogno che deve essere soddisfatto, un modo per risolverlo e poi pubblicizzarsi nel modo corretto.

E vendersi è la cosa più importante adesso.

Viviamo in un periodo storico dove ormai il web è arrivato dappertutto e le persone sono sempre connesse. Internet è una miniera di informazioni su qualsiasi cosa e un gigantesco supermercato sempre aperto dove si può fare tutto quello che si vuole e diverse persone sono state in grado di trasformare una passione in un vero e proprio lavoro.

Come ci sono riuscite?

Con passione, competenza, un pizzico di fortuna che non guasta mai ma soprattutto sapendosi vendere nel modo corretto, facendo una campagna di marketing perfetta e diventando famosi anche presso il grande pubblico generalista, non solo tra gli appassionati di un settore.

- vendersi

Se vuoi fare successo, diventare popolare e guadagnare denaro con il tuo prodotto o servizio non devi assolutamente trascurare il marketing sul web e ad oggi la piattaforma più popolare è senz'altro Instagram. Instagram è in costante crescita e l'acquisizione da parte di Facebook l'ha resa sempre più popolare tra gli utenti e sempre più persone decidono di andare su questa piattaforma per lavorare, divertirsi e provare a diventare virali.

- vendersi attraverso le marketing online

Pensa a Chiara Ferragni, esplosa con Instagram e adesso diventata il volto di un business da milioni di euro, o Clio MakeUp che è stata in grado di sfruttare la sua passione per il trucco e farla diventare un lavoro grazie al marketing online o a tantissimi influencers che lavorano tutti i giorni online e riescono a guadagnare delle cifre interessantissime ogni mese, spesso maggiori di quelle di un impiegato e in un settore che non sembra conoscere crisi.

Ma è facile diventare virali e dare il via a campagne di marketing efficaci?

No, per nulla, e chi dice che "basta fare due foto" parla di cose che non conosce assolutamente, oppure è in malafede. Il marketing su Instagram è un vero lavoro esattamente come le campagne pubblicitarie che si vedono sui manifesti nelle città o in televisione. Si tratta di un lavoro di analisi del proprio pubblico che coinvolge tanti professionisti, è creativo e non è sempre garantito un successo.

Ma è anche il modo migliore per raggiungere un pubblico vastissimo e senza confini comunali, provinciali o regionali, ma anche nazionali se si decide di lavorare in inglese o in un modo in cui la comunicazione verbale non è importante. Instagram è come la vetrina di un negozio in centro città dove passa costantemente un flusso di gente interessata a comprare e tutti gli strumenti forniti dalla piattaforma permettono di individuare sempre le persone che sono maggiormente interessate a comprare quello che vuoi vendere.

Se riuscirai a fare del marketing correttamente su Instagram riuscirai senz'altro a diventare virale e questo porterà una serie di enormi benefici al tuo business. Diventerai popolare e quindi più conosciuto, avrai tantissima pubblicità e un considerevole aumento di vendite per quello che proponi, collaborazioni e ti si apriranno possibilità per monetizzare su Instagram che non hai mai preso in considerazione. Pensa per esempio alla possibilità di essere pagato molto bene per sponsorizzare un prodotto oppure solo per dire ai tuoi followers di andare sul profilo di un tizio. Sono tutte cose che gli influencers più popolari fanno costantemente guadagnando tantissimi soldi e che potresti fare anche tu.

Il sogno (o meglio, l'obiettivo finale) può essere quello di cambiare vita per sempre, abbandonando un lavoro che odi e che risucchia il tuo tempo (e che alla fine rende ricco solo il tuo capo) per fare qualcosa che ti piace, che può essere svolto anche da casa e che ti darà il 100% dei tuoi guadagni. Potrai lavorare agli orari che vuoi e avere anche una rendita passiva sempre pronta per te.

Questo può essere possibile anche perché in questo libro imparerai tutte le migliori strategie per creare un profilo di successo su questo social network, come contattare i migliori influencers per avere una spinta iniziale, come settare un profilo perfetto e vendere ogni cosa, il tutto condito con casi studio ed esempi concreti!

Ovviamente questa è la teoria, la quale è nulla se non viene messa in pratica con impegno e costanza.

Alla fine di questa lettura non vedrai l'ora di andare su Instagram e mettere in pratica tutto quello che hai letto e dare una svolta alla tua vita.

Ma devi sbrigarti però, sempre più utenti hanno capito il potenziale di IG e vogliono colonizzare quella che è ancora adesso una prateria sconfinata che aspetta solo di essere abitata. Dovrai battere tutti sul tempo e non aspettare nemmeno un secondo, il successo è vicinissimo ma potrebbe innamorarsi di qualcun altro e questo non deve succedere!

Leggi questo libro, assorbi ogni nozione e poi mettile in pratica tutte. Sperimenta cosa ha successo e cosa no, cosa puoi cambiare e quello che ha subito successo e inizia a scalare l'algoritmo di Instagram diventando sempre più popolare!

Il successo è a un passo da te, permettimi di indicarti la via da percorrere.

Capitolo 1: Instagram Strategy

Perché Instagram?

* facebook sopra IG ma IG migliore

Questa è una domanda legittima. Ci sono tanti social network disponibili e Instagram non è il più popolare e neppure il più frequentato (Facebook è ancora il Re incontrastato dei social e credo proprio che lo sarà ancora per molto tempo), quindi perché basare una strategia di marketing e il successo del proprio brand su un social che non è il "top di gamma"?

Domanda legittima, e queste sono le risposte che posso darti. Leggile con attenzione e senza nessun pregiudizio, e credo che alla fine non potrai fare altro che concordare con me che Instagram è il miglior social network su cui fare Marketing in questo momento.

Sempre più persone lo stanno usando

Instagram non è il social network più usato del mondo, non si può negare, ma i dati dimostrano che è la piattaforma che ha la più rapida crescita tra i principali social del mondo. I numeri parlano chiaro, più di 800 milioni di utenti attivi (ovvero chi è registrato e usa la piattaforma), 500 milioni che la usano ogni singolo giorno, l'80% di questi utenti è fuori dagli Stati Uniti (dove è nato, segno che è un social con una platea internazionale), il 34% sono millennials (ovvero persone nate tra gli anni '80 e il 2000) e tra i 500 milioni di utenti attivi il 38% controlla la piattaforma più volte al giorno.

Sono numeri in continua crescita (sembra che IG sia quasi arrivata al traguardo di 1 miliardo di visite al mese) e mostrano una platea di utenti fedeli e interessati, che visitano ogni giorno e più volte questo social. È un pubblico che non puoi evitare di coinvolgere nel tuo business e che sarà la base del tuo marketing.

Non importa quanto è grosso il tuo business

Il marketing tradizionale è efficace se si possiede un grosso business e quindi si ha la possibilità di investire una discreta cifra per una campagna pubblicitaria efficace e in grado di essere distribuita in maniera capillare sul territorio locale o nazionale. Chi ha un piccolo business non ha la possibilità di investire grosse somme in campagne pubblicitarie tradizionali e quindi deve cercare dei modi alternativi per potersi pubblicizzare.

Instagram è uno strumento alla portata di tutti, sia per i brand più famosi del mondo (come Nike, Coca-Cola, Apple, Samsung), sia per il tuo piccolo business locale che vuole espandersi. Instagram è una vetrina gratuita che può venire visualizzata ogni giorno da persone in tutto il mondo e che può veramente fare la differenza. Non è importante se hai un piccolo negozio a gestione familiare o se hai appena iniziato a dare vita a un piccolo e-commerce, Instagram è sempre adatto per il tuo business, indipendentemente da quanto è grosso.

Può farti conoscere ancora di più o può farti scoprire, in ogni caso dovrà essere la base del tuo marketing.

È un e-commerce

Anche se non è la sua funzione principale (e diversi utenti non la utilizzano), c'è comunque una grande percentuale di utenti (il 72% degli utenti regolari) che compra oggetti direttamente da Instagram usando la funzione "Shop". Si può acquistare direttamente dalla piattaforma o essere indirizzati al sito ufficiale del tuo business per guadagnare soldi e avere un negozio aperto 24/7 senza le restrizioni di Amazon e eBay.

Non dovrai mai abbassare la saracinesca su Instagram e anzi, i clienti saranno sempre i benvenuti a qualsiasi ora del giorno e della notte.

Un punto di vista differente

Instagram ti permette di far conoscere il tuo business da un nuovo punto di vista con una serie di strumenti come i Reel o le Stories. Potrai mostrare dei codici sconto esclusivi, interagire con i tuoi followers, mostrare il dietro le quinte del tuo lavoro e dei contenuti extra esclusivi e tutto questo permetterà al tuo business di creare un legame molto particolare con i tuoi followers facendoli diventare "parte della famiglia" e non semplici clienti.

Le persone vogliono essere coinvolte nel tuo storytelling, sapere cosa fai, come lo fai e quali sono i tuoi progetti futuri. Vogliono sentire delle storie e con gli strumenti di Instagram potrai narrarle in un modo inedito e molto efficace.

Storytelling

Raccontare

Lo storytelling è uno dei concetti fondamentali della comunicazione e dovrai imparare a padroneggiarlo alla perfezione per fare del marketing.

Con il termine “Storytelling” si intende l’arte di raccontare una storia per un pubblico attraverso le parole, le immagini o i suoni. Un libro è un’opera di storytelling tramite le parole, le canzoni usano parole e musica, i film video, parole, suoni.

Su Instagram il tuo storytelling dovrà basarsi per prima cosa sulle immagini e poi sul personaggio che vuoi portare in scena. Puoi creare un personaggio da zero oppure “espandere” dei lati del tuo carattere. Ogni immagine deve raccontare una storia (o almeno una parte di essa) facendo in modo che sia coerente con il tuo personaggio e l’universo narrativo che hai creato. Le stories possono aggiungere un nuovo lato del tuo carattere ma la forma principale di storytelling su

Instagram sono le immagini e le parole ovvero il contenuto che posti. Ogni brand, ogni creatore, ogni contenuto su IG deve essere finalizzato a raccontare una storia, grande o piccola che sia.

Raccontare una storia è il modo migliore per entrare nel cuore e nella testa delle persone e lo si può fare condividendo un messaggio, uno scopo, quello che si vuole fare nel business o nella vita.

Raccontare storie con le parole è potente, ma raccontare le stesse storie con delle immagini è ancora più efficace e renderà davvero speciale quello che fai. Le parole restano, possono cambiare le persone ma devono essere capite e non sempre si riescono a percepire nel modo migliore, mentre le immagini restano, sono universali e possono diventare iconiche.

Racconta le tue storie con delle immagini su Instagram, crea degli scatti iconici e supererai ogni barriera di lingua, religione e cultura, così che il tuo messaggio arriverà davvero in tutto il mondo.

Sponsorizzazioni

Gli utenti più popolari e in grado di raggiungere tantissime persone con un solo post sono chiamati "Influencers" e saranno fondamentali per la tua crescita. Immaginali come un VIP che diventa testimonial di un brand (Gerry Scotti con il Riso Scotti, per esempio, o Ronaldo con eCampus), con la differenza che saranno sempre accessibili e a prezzi più economici (anzi, se contatterai influencers più piccoli di te potrai essere tu quello a venire pagato per quello che fai) e potrai essere sponsorizzato (o sponsorizzare) e far crescere il tuo business facilmente.

Aumentare la visibilità

La pubblicità non è mai negativa o uno spreco di denaro (Henry Ford sosteneva che ogni singolo dollaro investito in pubblicità non era mai perso) e Instagram ha rivoluzionato il settore dandoti l'occasione di essere sponsorizzato in ogni momento e di poter essere trovato da utenti di tutto il mondo. Usando gli hashtag e le parole chiave corrette avrai l'occasione unica di essere più visibile e avere una clientela internazionale.

Ogni tua azione deve avere questo scopo: aumentare la tua visibilità, raggiungere persone che non sapevano nemmeno della tua esistenza e convincerle che quello che fai ha valore e merita il loro sostegno, anche con un semplice like. Se raggiungerai ogni giorno questo obiettivo allora sarai riuscito a creare qualcosa di speciale.

Un contatto diretto con i followers

Inutile provare a mentire, per le grandi aziende i clienti sono solo numeri e riuscire a contattare davvero chi prende le decisioni è molto difficile. Si crea un muro, un gorgo burocratico impossibile da superare e anche il cliente più fedele ha la sensazione di non essere davvero importante per l'azienda.

Ma con Instagram è diverso, ogni cliente ha un grosso potere nelle sue mani (anche un solo commento negativo può trasformarsi in una valanga di disapprovazione e chi lavora male viene esposto velocemente) e potrai avere un contatto diretto con i tuoi followers trasformandoli in soci e amici, non in semplici clienti.

Rispondere velocemente alle loro richieste, ascoltare i feedback, imparare dalle critiche costruttive e creare un coinvolgimento nella community è il modo migliore per creare un rapporto profondo, più umano e coinvolgente con i tuoi followers (Nike punta molto su questo).

Sempre disponibile

Si può accedere a Instagram in qualsiasi momento e con qualsiasi dispositivo da ogni parte del mondo. La vetrina del tuo business sarà sempre disponibile in ogni momento del giorno e della notte. Pensa a quella volta in cui hai passeggiato in centro e hai visto un negozio con la serranda abbassata: ha perso l'occasione di guadagnare, mentre tu non correrai questo rischio perché il tuo profilo IG sarà sempre disponibile per tutti.

La strategia di Marketing

Hai visto solo alcuni dei motivi principali per cui dovresti usare Instagram per il tuo business, ma non puoi semplicemente buttarti sul social allo sbaraglio senza una corretta strategia di marketing perché altrimenti perderai solo tempo e soldi, e questo non deve succedere.

La strategia di marketing è tutto l'insieme delle operazioni e delle strategie che si mettono in atto per raggiungere un determinato obiettivo, solitamente l'aumento del fatturato, l'espansione del brand, o incrementare il numero di followers che si possiedono per vendere un maggior numero di prodotti o di servizi (che comunque rientra nell'aumento del fatturato).

Sono tre gli elementi fondamentali di una corretta strategia di marketing:

1. Obiettivi precisi: Quello che si vuole raggiungere, dall'aumentare le vendite di una determinata percentuale fino al raggiungimento di un fatturato annuo.

2. I tempi: Il lasso di tempo in cui questi obiettivi devono essere raggiunti. Si possono avere obiettivi a breve termine e a lungo termine o direttamente pensare a una strategia annuale, o triennale o anche quinquennale o decennale.

3. Il budget: Quanti soldi si vogliono investire per avere le risorse necessarie per mettere in pratica la strategia in modo da poter raggiungere gli obiettivi stabiliti nel tempo indicato.

Per sviluppare una corretta strategia di marketing su Instagram si deve procedere in questo modo:

- Analisi delle opportunità del mercato

- Capire la Buyer Persona che si vuole intercettare, ovvero il cliente ideale per il tuo business

- Capire come posizionare la tua offerta nel mercato (vuoi offrire qualità a prezzi alti, a prezzi bassi, soluzioni per un pubblico ristretto o puntare al mercato generalista?)

- Stabilire un piano d’azione

- Analizzare la concorrenza, capire come lavorano e come poter vendere un prodotto migliore del loro, magari anche risolvendo un piccolo problema

- Correzione dell'offerta in casi di risposta negativa del mercato

Cosa puoi proporre all'interno della tua strategia di marketing? Puoi proporre un miglioramento a qualcosa che già esisteva prima (quello che ha fatto Facebook, per esempio), oppure un servizio completamente nuovo, o anche rilanciare qualcosa che non era più usato prima o che è "passato di moda" (il rilancio di un brand), o cambiare il modo in cui un servizio è erogato (per esempio un ristorante che decide di lavorare solo con l'home delivery e non con il servizio in sala).

Non ho la sfera magica, non posso dirti come realizzare una corretta strategia di marketing funzionante al 100% (ci sono persone molto più qualificate di me che non hanno assolutamente idea di come fare) ma posso dirti che il successo di ogni campagna di marketing della storia di Instagram si basa su pochi punti fermi:

1. Conoscere i desideri del cliente
2. Realizzare un prodotto o servizio in grado di soddisfare il desiderio del cliente

3. Trovare il prezzo migliore per il tuo prodotto a seconda della qualità. Puoi avere una qualità superiore rispetto alla concorrenza e un prezzo più alto, un prodotto mediocre a un prezzo molto basso... (**L'importante è che il cliente percepisca che il tuo prodotto valga più dei soldi che deve spendere**)

Ci sono moltissimi modi per implementare una strategia, come lavorare sull'estetica del brand, sulla comunicazione oppure sulla politica dei prezzi. È necessaria una profonda analisi del tuo business, dei suoi punti di forza e di debolezza per capire qual è la strategia migliore da mettere in atto per raggiungere tutti i tuoi obiettivi.

Applicare una strategia a Instagram

La strategia di marketing deve essere studiata e pianificata nei minimi dettagli per essere efficace e poterti portare ai tuoi obiettivi. Se vuoi solo aumentare i tuoi followers allora dovrai mettere in atto delle strategie differenti da chi invece vuole alzare il fatturato o aumentare la propria visibilità, e quindi timing e budget dovranno essere in linea con il tuo obiettivo finale.

Ad ogni modo, questi sono dei piccoli consigli che puoi implementare in qualsiasi strategia di Instagram:

- Definisci il pubblico che vuoi raggiungere. I millennials sono diversi dalla generazione Z o dai “boomers”. Hanno idee differenti e bisogni differenti. Individua a chi vuoi vendere qualcosa prima di iniziare in modo da creare annunci e campagne su misura.

- Comincia con delle campagne Ads semplici e a base giornaliera per capire se vale la pena proseguire con questa strategia e per tenere sotto controllo il budget, magari fai diverse prove e vedi cosa funziona e cosa no.

- Stabilisci uno sfondo per le foto o crea un template da usare sempre, così da conferire al tuo brand una precisa identità e dare alla pagina professionalità (consiglio il programma gratuito Canva).

- Allo stesso modo stabilisci che filtri vuoi usare e poi usa solo quelli.

- Individua degli hashtag che funzionano e usali costantemente, aggiungendone di nuovi solo in particolari occasioni.

- Posta in maniera costante. Il poter programmare in anticipo il momento della pubblicazione ti consente di creare diversi contenuti in una sola seduta e poi di pubblicarli con la tempistica che hai scelto.

- Una volta definito uno storytelling preciso (tono di voce, modo di comunicare) seguilo costantemente e rimani fedele all'immagine che hai creato. Se devi fare dei cambiamenti spiega i motivi che ti hanno portato a farli e introducili in modo graduale.

- Cambia la strategia in corsa se non ti porta i risultati sperati.

Per avere successo su IG, così come in qualsiasi cosa, è necessario pianificare tutto e non dare nulla per scontato. Crea una strategia efficace, seguila, migliorala costantemente e ti porterà lontano.

Capitolo 2: Il profilo

Spero di averti convinto a iscriverti a Instagram (se non hai già un account su questo social media) per far crescere il tuo business. Se ci sono riuscito a questo punto dovresti aver terminato di creare il tuo profilo, uguale a quello di milioni di altre persone in tutto il mondo.

Instagram permette di creare due tipi di profili, quello personale e quello professionale (o "Business"). L'account personale è quello che puoi usare per parlare con i tuoi amici, caricare quello che ti passa per la mente o semplicemente per passare il tempo commentando quello che fanno gli altri utenti, mentre quello Business è il profilo che devi usare per far crescere il tuo business. Personalmente ti consiglio di tenere sempre separata la tua vita lavorativa e quella professionale e chiaramente il consiglio vale anche per i tuoi profili social. Tienili sempre separati in modo da non mescolare mai business e sfera privata e anzi, potresti anche creare un profilo personale con uno pseudonimo per aumentare la tua privacy.

Invece, per creare un account business dovrai per prima cosa creare un account personale e poi operare lo switch istantaneo per passare all'account Business che dovrà essere collegato a una pagina Facebook.

Per operare questo switch ti sarà sufficiente andare nelle impostazioni e passare dall'account personale a quello business. È una procedura che richiede pochissimi secondi e ti permetterà di avere una serie di, vantaggi ma anche un grosso svantaggio.

Di che svantaggio si tratta?

Non potrai rendere privato il tuo profilo e di conseguenza tutti lo potranno vedere. Ma, come starai pensando, rendere privato il proprio profilo business non ha molto senso, ma questo potrebbe comunque essere una limitazione per qualcuno.

Invece quali sono i vantaggi che puoi ottenere usando l'account business per il tuo marketing su Instagram?

- Accesso a Instagram Insight: Si tratta di uno strumento gratuito di analisi approfondita integrato all'interno del tuo account Instagram Business e che ti permetterà di avere una panoramica chiara ed immediata di tutte le attività inerenti al tuo profilo IG. Per esempio potrai osservare in che percentuale di uomini e donne si dividono i tuoi followers, le fasce d'età che ti seguono maggiormente, le città da dove sei più seguito, gli orari in cui hai il picco di accessi e di interazioni e molto altro ancora. Si tratta di tutto quello che ti serve (e anche di più) per aiutarti a pianificare qualsiasi strategia di marketing per il tuo profilo e renderla sempre più efficace.

- Si può aggiungere il pulsante "Contatto" al proprio profilo e inserire una mail da usare per ogni tipo di proposta di business. È il modo migliore per venire contattati, più rapido ed efficace di un messaggio privato e senz'altro è molto più professionale.

- Si può aggiungere la spunta blu al profilo, segnale che è stato verificato e che si parla in maniera ufficiale del brand o del servizio in questione. Ci sono tanti profili fake sul web e gli utenti meno navigati possono avere delle difficoltà nel capire chi rappresenta veramente l'influencer che vogliono seguire e la spunta blu attribuisce immediatamente una grande credibilità al profilo.

- Si possono creare delle campagne di Instagram Ads (a pagamento), ovvero dare vita a degli annunci pubblicitari creati appositamente per un pubblico molto particolare e che hanno come scopo quello di portare nuovi followers e espandere il proprio business.

Come puoi vedere, attivare il profilo Instagram Business è un modo facile e veloce per avere accesso a una serie di benefici vitali per il tuo business e che puoi usare per massimizzare il risultato della tua campagna di marketing. Oltretutto operare lo switch è gratuito ed immediato, l'unica cosa che ti serve è una pagina Facebook da collegare al nuovo profilo Business che hai creato.

Ottimizzare il profilo

Passare dal profilo classico a quello Business è solo il primo passo da fare per poter fare marketing seriamente su Instagram ma da solo non sarà sufficiente a portarti al raggiungimento di tutti i tuoi obiettivi. È necessario molto impegno per realizzare questo obiettivo e il secondo step da mettere in pratica è l'ottimizzazione del profilo ovvero impostare tutte le funzioni e le caratteristiche della pagina IG in modo che possano aiutarti a ottenere il massimo successo (in questo caso ottenere followers e diventare virale). Ogni singolo elemento può davvero fare la differenza e rendere il tuo profilo un enorme successo e quindi devi prendere questo passaggio molto seriamente.

Ecco i migliori suggerimenti per ottimizzare il tuo profilo.

Orario dei post

Non commettere l'errore di pensare che un orario valga l'altro quando pubblichi i post perché non è vero. Pubblicare un post in un pessimo orario equivale a non pubblicarlo o a non ottenere il massimo riscontro possibile e questo non deve accadere. Inoltre il tuo pubblico di riferimento potrebbe essere occupato al momento della pubblicazione del post e quindi non interagire come dovuto, non facendoti guadagnare denaro.

Per esempio, se il tuo pubblico sono gli studenti, allora postare la mattina è controproducente. Se ti rivolgi al mercato americano, allora posta quando in Italia è tardo pomeriggio, non prima, per via del fuso orario.

Non esiste un orario perfetto per pubblicare in quanto ci sono troppe variabili in gioco ma generalmente si indica la pausa pranzo o il dopocena come orari ideali per caricare dei contenuti dato che la maggior parte delle persone ha smesso di lavorare e ha più tempo libero. Comunque, grazie agli strumenti di analisi del tuo profilo Business potrai capire il momento in cui hai più accessi e interazioni sul tuo profilo, e quindi quale fascia oraria è perfetta per pubblicare i tuoi contenuti!

I post e le storie possono essere caricati in anticipo e poi pubblicati a un preciso orario grazie, ci sono infatti molte App che puoi usare per gestire il tuo profilo Instagram. Tra queste posso suggerirti di prendere in considerazione:

- Combin Scheduler (Gratuito)
- SEMRush (a pagamento)
- Tailwind
- Sked Social (a pagamento, prezzo per pacchetto)
- Onlyput (a pagamento)
- Later (Gratis e con espansione a pagamento)

In rapporto qualità/prezzo (principalmente perché è gratis) posso consigliarti di usare Combin Scheduler per organizzare la pubblicazione dei tuoi contenuti ad un orario sempre regolare durante la giornata. Mantenere una routine è molto importante e permette di creare attesa tra i follower, magari ricordandolo anche nelle storie, e rende visitare il tuo profilo una piacevole abitudine.

Username

Il tuo username sarà il nome con cui il tuo pubblico ti conoscerà e ti cercherà online e quindi dovrà essere facile da scrivere e da ricordare, oltre che orecchiabile.

Ci sono due opzioni: usare il nome del tuo brand e quindi trasformare la pagina in una sorta di account ufficiale (venderai il brand, non te stesso) oppure usare il tuo nome o un nickname (e in questo caso venderai te stesso e il tuo personaggio rendendolo un brand), come hanno fatto Chiara Ferragni, Fedez o ClioMakeUp che sono diventati il brand di loro stessi indipendentemente da quello che propongono. Ovviamente questo dipende da quelli che sono i tuoi obiettivi. Usare il tuo nome, il nome del tuo brand o un nickname molto semplice ti permetterà di essere ricordato più facilmente, e quindi di essere trovato da più persone.

Hashtag

Gli hashtag svolgono il lavoro di aggregatori di contenuti e raccolgono al loro interno tutti i post che hanno un determinato hashtag. Se scrivi nel campo di ricerca #gatti allora IG ti farà vedere tutti i contenuti postati che hanno quell'hashtag all'interno del post e nuovi followers potranno scopriti e iniziare a seguirti.

È molto importante usare gli hashtag più di tendenza e pertinenti per il tuo business (puoi usare gli strumenti di analisi di Instagram per trovarli oppure fare attenzione a quelli che vengono usati dai tuoi competitors) assieme a degli hashtag meno usati (e che quindi hanno una platea di persone che creano contenuti minore che significa maggiore visibilità) e ad hashtag creati appositamente per quel contenuto. Si possono usare fino a 30 hashtag, ma io consiglio di usarne al massimo una decina per non creare un muro di testo troppo esagerato, comunque mettere gli hashtag come commento ha lo stesso effetto e il post risulta più pulito. (torneremo sugli hashtag per capire come trovare i migliori)

Immagine del profilo

La foto del profilo sarà la prima cosa che i tuoi potenziali followers vedranno di te, e quindi deve essere in grado di attirare subito l'attenzione di chi la vede e di comunicare la tua professionalità.

Puoi usare il logo del tuo brand, la foto del tuo prodotto principale o una composizione grafica se il tuo profilo IG è per un brand; mentre puoi scattare una foto con un vestito professionale, un bello sfondo e fatta da un fotografo professionista se il tuo è un personal brand. Si tratta della prima foto che vedranno di te, li deve impressionare.

La bio

Hai poche righe per scrivere una breve bio/descrizione e quindi devi essere dritto al punto e dire in poche parole chi sei e cosa fai, per poi aggiungere un link a un sito, a una pagina Facebook o a una mail o anche a un profilo Linktree (aggregatore di link in cui puoi inserire gli indirizzi di tutti i tuoi social). Devi dire subito alle persone quello che offri in modo che possano capire subito se vale la pena seguirti.

Capitolo 3: Come aumentare i propri followers

Se desideri diventare virale su Instagram, rendere efficace il tuo marketing e guadagnare con questo social network è fondamentale per te aumentare costantemente il numero dei tuoi followers, e fare in modo che non siano solo tanti, ma che siano anche sempre attivi nel tuo profilo.

I followers sono gli utenti che ti seguono e che quindi reputano interessante e degno di valore quello che realizzi. Sono la tua risorsa principale di guadagno su Instagram e devi dargli costantemente attenzione per fare in modo che ti continuino a seguire. Tuttavia, non commettere l'errore di pensare che basti solo avere un alto numero di followers per incrementare le vendite della tua azienda o ottenere contratti a quattro o cinque zeri, perché non è così. I followers devono essere qualitativamente buoni e non solo numericamente impressionanti.

Ma cosa significa "qualitativamente buoni" e come si può aumentare costantemente il numero di followers?

In questo capitolo ti parlerò proprio di questo e ti mostrerò delle tecniche infallibili, specialmente nel medio e lungo periodo, per aumentare i tuoi followers in modo organico sia in quantità che in qualità.

Si, ho detto in modo organico. L'algoritmo di Instagram potrebbe essere sorpreso della crescita esponenziale dei tuoi followers, specialmente in un periodo brevissimo, e sarà facile per l'algoritmo pensare che ci sia sotto qualcosa di strano (acquisti di followers, uso di bot, profili falsi) e il tuo account potrebbe avere delle ripercussioni.

Potrebbe, non è certo, ma perché rischiare?

Una crescita lenta e costante è organica, è naturale e non ti farà correre nessun pericolo. E nel lungo termine la differenza si vede.

Un piano

In ogni settore di business è sempre saggio iniziare a investire (non solo soldi, ma anche tempo e risorse nel caso di Instagram) con un piano in mente. La cosa peggiore che puoi fare è quella di "provare a caricare delle foto e vedere che succede" passando da una foto di un gattino ad una in cui ci sei tu che indossi vestiti alla moda, per poi pubblicare foto di cibo o paesaggi.

Sono tentativi di acchiappare utenti, uno "sparare nel mucchio" sperando di centrare qualcosa e di ottenere dei risultati, ma in realtà è solo la ricetta perfetta per un disastro, per perdere del tempo e non combinare nulla di buono.

Il tuo piano deve essere semplicemente la risposta alla domanda "A cosa mi servono più followers?".

Potrebbero servirti per:

1. Aumentare le vendite al tuo sito (se usi IG solo come una vetrina pubblicitaria).

2. Diffondere il tuo brand (quindi solo marketing).

3. Indirizzare traffico altrove.

4. Diventare virale e promuovere te stesso.

Si tratta di obiettivi molto diversi tra di loro e che portano a diverse strategie da mettere in atto. Se vuoi diventare virale su IG e diventare un personaggio non dovresti promuovere un sito web perché il grosso del tuo business dovrebbe essere solo la tua pagina IG, mentre se vuoi spingere il tuo sito dovrai fare l'esatto opposto.

In poche parole, darai al tuo profilo una coerenza e un'identità che faranno capire alle persone chi sei e che cosa vuoi fare. Non saltare di palo in frasca, segui un piano fino in fondo e cambialo solo se si dimostra inefficace nel lungo periodo, non nel breve.

Definisci un piano d'azione, tutto il resto sarà molto più facile.

Su chi vuoi fare presa

-> target specifico
BUYER PERSONA

Nella vita non si può pensare di piacere a tutti, figurati sul web. Troverai persone che ti ameranno alla follia, chi ti odierà solo per partito preso e persone che agiranno in base a quello che creerai sul tuo profilo. Dato che piacere a tutti è impossibile (oltre che una colossale perdita di tempo e risorse), dovrai cercare di piacere solo ad un target specifico di persone, almeno all'inizio. Dovrai piacere al tuo pubblico ideale, alla Buyer Persona che più è interessata a quello che fai e solo successivamente cercare di attirare altre persone, senza snaturare troppo quelle che sono le caratteristiche che ti rendono unico e che hanno creato una buona base di followers che ti seguono.

Pensa per esempio:

- Che età deve avere il tuo pubblico ideale?
- Dove vivono?
- Che lavoro fanno? Hanno la possibilità di comprare quello che vendi?

- Per cosa usano Instagram?
- Cosa amano, cosa odiano, cosa posso usare per provocarli e creare del movimento nel mio profilo?
- Sono single, hanno famiglia?

Queste domande permettono di creare l'identikit della tua buyer persona ideale e quindi di capire a chi puoi vendere qualcosa sin da subito e cercare di concentrare tutti i tuoi sforzi in quella direzione. Creare contenuti che quelle persone apprezzano è il modo migliore per aumentare i followers dato che darai alle persone esattamente quello che vogliono.

Storytelling Costante

Per diventare virale è necessario creare un "personaggio". Nulla di troppo strano o esagerato, è già perfetto mettere in evidenza un lato del tuo carattere o qualche atteggiamento che ti può contraddistinguere (facendo sempre attenzione a non diventare una macchietta) e basare il tuo storytelling sul personaggio che hai creato.

Lo storytelling deve essere costante, se sei un appassionato di tecnologia non puoi improvvisamente diventare un fan della cucina e postare dei piatti che cucini, è un buco di storytelling specialmente se non hai introdotto il nuovo argomento in modo adeguato. Cerca di essere sempre costante nel tuo storytelling e di postare dei contenuti che siano sempre coerenti con esso (da fan di tecnologia puoi anche mostrare l'interno di qualche device o dare dei consigli su come fare una corretta manutenzione o simili), anche se possono parlare di diverse cose, in modo da creare uno storytelling costante.

Puoi usare le Stories per creare qualcosa di diverso dal solito e magari, se i responsi dei followers saranno positivi, iniziare a introdurre questi nuovi argomenti nel tuo profilo Instagram, spiegando nelle tue storie per quale motivo hai deciso di introdurre questo nuovo argomento.

Parole chiave

Per diventare virale devi dare alle persone la possibilità di trovarti e la ricerca su Instagram non è proprio il massimo della vita, lo devo ammettere: si può cercare solo per nome o username (oppure via hashtag, ma è dispersivo).

Per questo motivo è ottimo cercare di usare delle parole chiave all'interno del proprio nome o all'interno del proprio nickname (il nickname è quello del profilo, il nome è quello che compare in cima alla bio). A meno di non essere già famoso e approdare poi su Instagram, non usare solo il tuo nome di battesimo, crea un nickname oppure aggiungi una parola chiave al tuo nome per aumentare le possibilità di essere trovato.

Qualità

Per quale motivo vai a mangiare in un determinato ristorante invece di andare dalla concorrenza?

Per il prezzo? Indubbiamente, ma il vero motivo è la qualità di quello che mangi.

In un locale mangi cibo migliore e ci vai, nell'altro non lo mangi e non ci vai, semplicissimo.

Allo stesso modo le persone ti seguiranno se darai loro qualcosa di qualità. Non fare l'errore di pensare che qualità equivalga a qualcosa di noioso, puoi fare tutto su Instagram, dal post normale a quello comico, la differenza la fa la qualità del post. Ci sono post belli e post brutti, post dove si vede la passione di chi lo ha realizzato e altri che sono fatti solo perché si deve o di fretta, giusto per pubblicare qualcosa e lo stesso influencer (o presunto tale) avrebbe evitato volentieri di caricarla.

Se vuoi che le persone ti seguano devi fare contenuti belli e di qualità, che tu per primo ti diverti a fare. Solo così puoi convincere chi viene nel tuo profilo a seguirti e magari anche a lasciare dei commenti.

Hai degli strumenti di analisi nel tuo profilo Instagram Business che ti possono dire quali contenuti sono piaciuti di più e quindi che livello di qualità piace ai tuoi followers. Continua su quel solco per non sbagliare.

Titoli efficaci

Le descrizioni dei post (dette anche "captions") sono fondamentali per veicolare i messaggi che vuoi dare a tutti i tuoi fan e sono una parte molto importante del tuo storytelling. Scrivere una bella descrizione con un titolo accattivante e usando parole persuasive è vitale per il tuo profilo ed è un modo molto, molto efficace per ottenere dei nuovi followers.

Questi sono dei consigli che ho implementato nel mio storytelling e voglio condividerli con te. Fanne tesoro per migliorare la tua comunicazione online!

- Vai dritto al punto e metti subito l'informazione più importante. IG è programmata per interrompere la descrizione dopo 125 caratteri e il tuo follower dovrà cliccare sul pulsante "Altro" per continuare a leggere (esattamente come succede con FB anche se lì non c'è il limite di caratteri) e lo farà solo se sarà già interessato a quello che ha letto. Il modo migliore per fare interessare i tuoi followers è quello di dire subito le cose importanti e lasciare che continuino a leggere per approfondire quello che hanno letto in precedenza. Usa parole brevi e vai dritto al punto, non perderti in inutili giri di parole che appesantiscono solamente il discorso.

- Poni una domanda ai tuoi followers in modo che possano interagire con te. Per esempio "che ne pensate del mio taglio di capelli?" oppure "cosa starà facendo questo membro del team in questa foto?". Sono modi semplici e efficaci per stimolare una conversazione.

- Prova a creare post di diversa lunghezza per vedere quali ottengono il migliore risultato. A volte i "post Ungaretti" (ovvero quelli telegrafici) sono i migliori, ma tanti influencers (specialmente i divulgatori) preferiscono scrivere dei testi più lunghi e chiarire meglio i concetti che vogliono far passare. Fai attenzione ai post che ottengono più successo e continua su quella linea.

Promozioni su altre piattaforme e sponsorizzazioni

Uscire dalla tua "bolla" di Instagram è una grande idea per raggiungere un pubblico che non ti conosce o che non è nemmeno iscritto a questo social network, che però può potenzialmente diventare un tuo follower.

Puoi provare a collaborare con dei siti che creano coupon e distribuirli a chi si iscrive alla tua pagina, per esempio, o collaborare con bloggers o youtubers che trattano la tua stessa nicchia, ma che non sono su Instagram proponendo dei progetti insieme o apparendo nel loro canale, o facendoli apparire nella tua pagina. Questa promozione tra due piattaforme social può portare notevoli benefici a tutti i partecipanti dato che non è assolutamente vero che chi è iscritto a YouTube o simili sia anche iscritto ad Instagram.

Hai visto che si possono sponsorizzare pagine più piccole della tua in cambio di denaro, giusto? Bene, si può anche contattare delle pagine più grosse per avere una sponsorizzazione (non gratis, chiaramente) o uno Shoutout per raggiungere un pubblico più vasto. È un metodo

contattare pagine grandi x avere una sponsorizzazione

molto efficace ma in cui bisogna investire del denaro (specialmente per contattare gli influencers che hanno numeri davvero impressionanti) e quindi dovrai avere un buon budget per questo metodo. Io ti consiglio di pensarci bene e capire se ne vale la pena, considerare l'opzione di implementare una campagna Instagram Ads, che può dare buoni risultati, ma un prezzo minore.

Se hai un blog puoi anche incorporare i tuoi post su Instagram nel blog e far sapere ai visitatori che sei anche su questa piattaforma.

Il web è grandissimo, non puoi pensare che essere su Instagram e farsi trovare nella piattaforma sia sufficiente per fare grossi numeri. Puoi farli raggiungendo il grande pubblico che fino a quel momento non solo non sapeva che tu fossi su Instagram, ma che ignorava totalmente la tua esistenza.

Follow/Unfollow

Questo è un sistema che si può definire "Borderline" nel senso che non è approvato da Instagram e potrebbe darti dei problemi (quasi mai la chiusura dell'account), dunque se decidi di usarlo devi essere molto moderato. Io non ti consiglio di farlo, anche perché la pagina perde di credibilità, ma devo ammettere che è un metodo che di solito funziona.

In sintesi devi dedicare del tempo tutti i giorni a seguire e a mettere like ai followers di altre pagine che trattano il tuo stesso argomento. In questo modo persone interessate all'argomento scopriranno l'esistenza della tua pagina e alcune ti queste ti seguiranno. Poi quando hai troppi seguiti, dovresti smettere di seguirne molti per tornare al numero che avevi prima. Si può anche seguire un numero X di followers di pagine diverse in giorni diversi, e segnarsi poi quante persone ricambiano il follow, quindi continuare a seguire i followers della pagina da cui hai avuto più followers. Di solito i followers di pagine piccole sono più propensi a seguirti.

Se decidi di usarla, mi raccomando di fare attenzione a non esagerare con questa pratica.

Inoltre, una buona idea che non va contro il regolamento di Instagram è quella di lasciare commenti ad altre pagine della tua nicchia con molti followers, in modo da raggiungere le persone senza violare i regolamenti di Instagram.

Altre idee:

- Posta contenuti che possono essere condivisi facilmente, come dei meme (qui vedi un po' tu a seconda del tipo di pagina che hai), o delle informazioni utili.

- Metti sempre un tag che localizza la tua posizione attuale in modo da poter essere rintracciato anche in quel modo.

- Quando parli di un personaggio famoso, di qualche brand o di un utente in particolare che ti segue o che è un influencer taggalo sempre nel post. Nel peggiore dei casi non succederà nulla, ma solitamente i social media manager sono sempre attenti ai profili che taggano e quindi potrebbero avvicinarti per una collaborazione.

- Crea dei contest per raggiungere più profili invogliare nuove persone a seguirti.

Prova queste strategie, troverai sicuramente quella che si adatta meglio alla tua situazione.

Capitolo 4: Influencer Marketing

Quelle che hai appena letto sono solo delle dritte generali per aumentare il numero dei tuoi followers e quindi diventare più appetibile per gli investitori e per vendere i tuoi prodotti o servizi. È sempre ottimo lavorare per aumentare il numero di followers e non dovrai mai smettere di mettere in atto tutte le strategie necessarie per farlo. Devi però sapere che c'è un altro strumento di marketing potentissimo su Instagram, lo abbiamo già accennato, quello degli influencers.

Questi utenti hanno il potere di influenzare notevolmente il loro grande numero di iscritti e possono raggiungere facilmente un grandissimo numero di persone nello stesso momento, senza contare le successive condivisioni dei contenuti. È forse la migliore occasione che si possa avere per farsi pubblicità sul web e devi assolutamente sfruttarla, ma per farlo con successo e non buttare i soldi dalla finestra è necessario avere una strategia efficace da seguire e in questo capitolo ti spiegherò come fare per avere ottimi risultati in questo settore del marketing su Instagram.

La strategia

Non puoi andare allo sbaraglio nella ricerca dell'influencer perfetto per la tua pagina o per il tuo prodotto perché ce ne sono davvero tantissimi e trovare quello più adatto alle tue esigenze è come cercare il classico ago nel pagliaio.

Dato che non puoi permetterti di perdere tempo e soldi, prima di cominciare è meglio studiare una strategia o un piano d'azione che possa dare i suoi frutti.

La prima cosa da fare è capire bene che tipo di Influencer vuoi avvicinare. Sei più interessato al mega influencer con milioni di followers oppure è meglio affidarsi ai micro-influencer che hanno uno zoccolo duro di fan? Meglio puntare a sparare nel mucchio sperando di centrare qualcosa o è meglio agire con la strategia del "pochi ma buoni"?

Chiaramente il tuo budget la farà da padrone in questa decisione. I grossi influencers non collaboreranno mai con te per delle cifre modeste. Se vuoi Chiara Ferragni e i suoi numeri devi essere pronto a pagare una discreta sommetta rispetto al micro-influencer Peppe che ha 5000 iscritti che commentano tutto quello che dice. In generale, i micro-influencers sono più economici e diversi brand anche di medie dimensioni si stanno avvicinando sempre più a queste figure piuttosto che ai grossi influencers. Ci sono anche dei micro-influencers che si accontentano semplicemente di ricevere la merce in omaggio senza farsi pagare, ma sono abbastanza rari da trovare e generalmente lo fanno solo se sono davvero appassionati di quello che proponi. Alcuni lavorano in maniera indipendente mentre altri sono sotto l'ombrello di manager e agenzie di comunicazione (che possono gestire sia piccoli che grossi influencers).

Dovrai anche controllare i numeri di questi influencers, sia grandi che piccoli. Ti sembrano convincenti? Hanno troppi like rispetto ai commenti? Pochi commenti in proporzione al numero di iscritti? Oppure i conti sembrano tornare? E che commenti hanno? Calcolare il loro engagement può essere una buona idea (vedremo più avanti come farlo).

Dato che questo influencer dovrà rappresentare il tuo brand è importantissimo accertarsi di puntare sul cavallo giusto non solo per i numeri che può portare ma anche per il linguaggio dei suoi followers. Nessun brand vuole essere associato a persone volgari e che postano commenti di dubbio gusto o al di sopra della legge. È una figuraccia che nessuno vuole fare e in grado di compromettere la reputazione del brand stesso agli occhi del pubblico.

Pensa inoltre a che messaggio mandare al pubblico e al motivo per cui collabori con l'influencer: vuoi far conoscere il tuo brand? Oppure aumentare le vendite? Cercare visibilità extra? Creare un prodotto sponsorizzato? Proporre un programma di affiliazione? La licenza per vendere merchandise ispirato all'influencer? Proposte editoriali?

Tutti obiettivi diversi, che necessitano di messaggi e di strategie di comunicazione diverse per essere davvero efficaci. In base al tuo obiettivo dovrai pianificare una strategia assieme a un copywriter e al tuo influencer per veicolare il messaggio o la proposta correttamente (un tono professionale? Qualcosa di scherzoso? Una sponsorizzazione palese? Un “messaggio subliminale”? Creare un contest per coinvolgere il pubblico con in palio i tuoi prodotti? Ottenere solo una recensione?).

Soltanto una volta pianificata almeno la base della tua strategia potrai iniziare a pensare a come individuare l’influencer che fa per te. IG è una vera giungla di gente più o meno famosa e con più o meno followers e può sembrare impossibile trovare il profilo giusto e si può commettere facilmente l’errore di affidarsi al primo influencer che abbiamo trovato che sembra adatto alla nostra pagina perché “tanto sono tutti uguali”. No, è sbagliatissimo, bisogna fare una campagna acquisti mirata e comprare solo un giocatore che può davvero fare la differenza per la squadra altrimenti è totalmente inutile e anzi, può essere dannoso.

Come trovare l’influencer adatto?

Una volta definita la strategia di marketing dovrai trovare il volto della tua campagna. Non è mai bello perdere tempo e soldi con l’influencer sbagliato e quindi dovrai andare a colpo sicuro dopo averlo individuato attentamente. Ma come si può fare?

Ecco come:

- La prima cosa da fare è capire che pubblico vuoi raggiungere. Si tratta delle persone che già ti seguono e che non sanno ancora della tua esistenza? Oppure di persone completamente nuove? In questo caso le devi analizzare bene. Devi sapere cosa gli piace e cosa no, l'età media, il linguaggio adatto per fare presa su di loro e chi sono gli influencers di tendenza che possono avere un punto in comune con te da usare come aggancio per una partnership o una sponsorizzazione. Se non conosci il pubblico che vuoi raggiungere stai solo sparando nel mucchio ed è la cosa peggiore che tu possa fare.

- Che influencer stai cercando? Sembra una domanda banale ("uno con tanti iscritti!") ma in realtà è molto più complessa. Sei alla ricerca di un ragazzo (e quindi che ha tanti follower giovani)? Oppure di un adulto? Di un appassionato di fitness? Della mamma single che ti insegna economia domestica? L'appassionata di cucina? Il tizio che fa mille storie al giorno e mangia di tutto? Ci sono mille tipi di influencers diversi, devi capire chi vuoi che rappresenti il tuo brand e in questo modo restringerai notevolmente il campo di ricerca.

- Non guardare solo il numero di followers, hai bisogno di followers che hanno non solo dei grandi numeri, ma anche una community di persone che sia coinvolta in quello che scrive, che commenta, che mette Like e che condivide i contenuti. È perfettamente inutile rivolgersi a degli influencers che hanno milioni di followers ma che non hanno commenti proporzionati ai followers. Significa o che quei followers sono stati comprati o che l'influencer non è in grado di coinvolgere in modo adeguato i followers, e quindi è completamente inutile coinvolgerli nella tua opera di marketing se non sono in grado di influenzare il pubblico in maniera adeguata.

- Ci sono delle piattaforme che catalogano i followers e ti possono aiutare a trovare in pochi secondi chi sono i profili più adatti per la tua campagna di marketing. Delle piattaforme efficaci sono Upfluence, Tapinfluence, Tribe o Hypetap. Può essere utile anche una ricerca basilare su Google con la chiave "migliori influencer di X" dove X è la tua nicchia può darti risultati interessanti.

- Puoi contattare delle agenzie di comunicazione. Queste agenzie solitamente hanno contatti con diversi influencers e possono aiutarti a selezionare quello più adatto per te. Ricordati però che in questo caso l'operazione sarà più costosa per via della percentuale di commissione da pagare all'agenzia.

E dopo aver individuato l'influencer perfetto è necessario contattarlo. Ma come farlo correttamente?

Come avvicinare l'influencer

La prima cosa che devi ricordare è che non sei un fan, sei una persona che ha una proposta di lavoro da fare all'influencer e lui ha tutto l'interesse ad ascoltarti. Di solito l'influencer ha una mail apposita per le proposte di collaborazione, oppure è possibile inviare un messaggio privato. Ad ogni modo, tieni a mente questi consigli per avvicinare l'influencer nel modo migliore e per non rischiare di dare una brutta impressione, e quindi che l'offerta non venga accettata.

- Non sei un fan, se vuoi fai i complimenti per la pagina e per i risultati che ha raggiunto, ma poi vai dritto al punto.

- Dando per scontato che a questo punto della ricerca tu sia assolutamente certo che quello è l'influencer perfetto per te, ricordati sempre di andare dritto al punto nella tua proposta. Presentati, fai la tua proposta, metti i vantaggi che può avere lui e cosa deve fare. Come dice spesso Marco Montemagno, quando fai una proposta questa deve essere "breve, ancora più breve, ancora più breve". Non puoi pretendere di scrivere un papiro e sperare che una persona dedichi parte del suo tempo a leggerlo. Ci sarà tempo di approfondire il discorso se inizierete a collaborare, ma per il primo approccio è fondamentale essere brevi e diretti. Non ti stupire se diversi influencers preferiscono perdere un'opportunità di guadagno piuttosto che leggere pagine di mail.

- Devi essere subito trasparente e mostrare di essere degno di fiducia. Per collaborare con successo ci si deve fidare dell'altra persona e a distanza è ancora più importante.

- Qualunque cosa succeda resta educato e se l'influencer rifiuta la proposta cerca di capire i motivi del rifiuto (pochi soldi, proposta poco interessante, troppi impegni presi?)"

- In caso di mancata risposta prova a ricordare all'influencer che stai aspettando, sempre in maniera educata. Se anche in questo caso non ci dovesse essere risposta allora mettiti il cuore in pace e cercane un altro, probabilmente non ha nemmeno letto la tua proposta o non l'ha ritenuta nemmeno degna di replica.

In soldoni, educazione, andare dritti al punto e far capire che vantaggi può avere l'influencer a collaborare con te.

Capitolo 5: Engagement

Nel capitolo precedente ti ho detto che avere tanti followers non significa automaticamente che quell'influencer sia la persona giusta per te e che quello che può fare davvero la differenza è il livello di engagement che ha nella sua community.

Cosa significa?

Significa che avere un engagement (o coinvolgimento) alto significa avere una community di persone interessate a quello che fai e che vuole discutere e condividere i contenuti che hai creato. È la migliore situazione per un influencer perché significa che quello che fa viene apprezzato dal pubblico e il suo modello di business funziona.

E se vuoi fare marketing, vendere e guadagnare con Instagram dovrai lavorare per fare in modo che il tuo tasso di engagement sia sempre alto e anzi, possa migliorare nel tempo.

Ma come si può fare? E per quale motivo il tasso di coinvolgimento è così importante?

Tasso di coinvolgimento: cosa lo influenza e per quale motivo è fondamentale nel tuo business?

Il tasso di coinvolgimento è, in poche parole, tutta l'attività che si scatena sotto al tuo post e che permette di capire se hai successo, se potresti migliorare o se non ti segue nemmeno tua madre. È un numero che si può calcolare con una precisa formula matematica e che può essere influenzato da tantissimi fattori, come:

1. L'ora in cui pubblichi un post, specialmente se ti rivolgi a un pubblico straniero.

2. Quanto frequentemente pubblichi dei contenuti. I profili più attivi, dove c'è sempre qualcosa di nuovo, sono più visitati e incentivano maggiormente al dialogo.

3. Quanti followers hai.

4. Cosa scrivi (è un contenuto efficace? Pone delle domande? Stimola una riflessione? Fa ridere?)

5. L'algoritmo di Instagram che decide di privilegiare o no alcuni contenuti nella sezione "Esplora".

Ogni cosa che pubblichi sul tuo profilo dovrebbe essere fatta per scatenare una reazione nei fan e quindi per aumentare il coinvolgimento nella pagina e in quello che fai. È lo stesso principio delle pubblicità (spingere la persona a comprare quel prodotto) e in questo caso le azioni che i followers sono spinti a fare possono essere:

- Mettere un like
- Seguirti (per chi non è già un follower)
- Commentare
- Condividere il contenuto
- Rispondere alla domanda che hai posto
- Chiedere un codice sconto

- Cliccare su un link

Queste sono azioni dirette, che tu chiedi ai tuoi followers di fare, poi ci sono le azioni indirette, ovvero:

- L'aumento delle visualizzazioni di un post o profilo
- I tag del tuo profilo in altri post
- Foto che vengono caricate dai fan

Sono azioni che vengono fatte da chi ti segue e dovresti essere solo contento se succedono, significa che quello che fai li coinvolge e hanno l'iniziativa di fare queste cose. È come un cartellone in un concerto: il cantante non dice ai fan di preparare degli striscioni, sono le persone che dedicano tempo ed energie a prepararlo e significa che sono interessate a comunicare un messaggio, danno valore a quello che dice il cantante. È positivo, eccome se lo è.

Ma come si calcola l'engagement rate di un post?

È una formula matematica semplice ed è questa:

Engagement Rate = (somma di like + commenti) /numero di followers e il risultato moltiplicato per 100.

Il numero che si ottiene è il livello di coinvolgimento che quel singolo post ha suscitato nella tua community. È facile capire che più una pagina sa coinvolgere, più sarà alto quel numero e più condivisioni ci saranno, e quindi se lo si sta calcolando per scegliere l'Influencer migliore si potrà provare che quell'influencer riesce davvero a raggiungere le persone e a portare risultati concreti.

C'è però una ricerca recente che ha dimostrato che i profili con più followers hanno un calo di commenti e like. In pratica, da una parte i followers crescono, dall'altra la percentuale di questi che interagisce con la pagina diminuisce. È una conseguenza fisiologica del raggiungere un grande pubblico, dato che non tutti sono interessati a commentare e condividere ed esiste una larga fetta di utenti che usa Instagram solo in modo passivo per vedere le foto degli altri.

Per questo motivo spesso le aziende preferiscono rivolgersi ai micro-influencers. È vero, hanno un numero di followers molto più basso, ma il tasso di coinvolgimento è generalmente molto più alto, quindi la community è più coesa e l'influencer riesce a far passare meglio il suo messaggio. È la versione social di "pochi ma buoni".

Ci sono altri parametri con cui calcolare il tasso di engagement di un post o di un profilo, come tenere di conto del numero di visualizzazioni, di click, e su calcoli dell'algoritmo di Instagram, ma la formula che hai letto è in grado di dare un primo numero abbastanza preciso e di poterti fare una prima idea del tuo tasso di coinvolgimento e di quello della concorrenza. Puoi anche usare un tool come Ninjalitics per analizzare i dati nel dettaglio e avere un quadro più preciso e dettagliato della situazione.

Appare quindi chiaro che, se vuoi fare davvero la differenza e ricevere delle belle proposte di collaborazione o aumentare le vendite, dovrai necessariamente fare di tutto per portare in alto il coinvolgimento, anche se hai già un buon numero di followers. Ma come si può fare? Lo vedrai subito.

Come aumentare l'engagement nel tuo profilo?

Chi vuole fare marketing sul serio su Instagram o ambisce a trasformare una passione/passatempo in un lavoro, e guadagnare con esso, deve operare in modo da aumentare costantemente il suo tasso di coinvolgimento. Una community viva significa che quell'influencer funziona, che le persone vogliono partecipare e che sono quindi disposte a comprare qualcosa.

Ma ci sono dei trucchi particolari per aumentare l'engagement? Si, eccoli:

- Crea dei contenuti che possano essere salvati e consultati successivamente. Il modo migliore per farlo è quello di creare un post con una serie di scritte o di immagini. Se sono d'impatto o interessanti i tuoi followers potranno salvare il post per consultarlo dopo. È un modo interessante per capire se un contenuto può attirare l'attenzione e generare commenti anche dopo che è stato postato. Tanti salvataggi e commenti aumenteranno le probabilità che il post finisca nella sezione "Esplora".

- Usa le storie di Instagram per coinvolgere i followers. Una buona idea è quella di creare dei brevi "AMA", ovvero gli "Ask Me Anything". Si tratta di sessioni su Instagram dove i tuoi followers potranno chiederti qualunque cosa e risponderai alle loro domande con delle storie IG. Ovviamente non potrai rispondere a tutte le domande o farlo spesso, ma una volta a settimana può diventare un appuntamento ricorrente, piacevole e divertente ed aumentare il coinvolgimento della tua community.

- Puoi anche creare dei quiz sulle tue storie Instagram con in palio degli sconti, un post personalizzato, l'ospitata in una live o qualcosa del genere. Sono interessanti anche i sondaggi per capire cosa vuole continuare a vedere il tuo pubblico.

- Se credi di avere un contenuto particolarmente efficace o vuoi promuovere qualcosa, allora puoi mettere un conto alla rovescia nelle tue storie IG per creare attesa o per fare iscrivere la gente a quell'evento prima dello scadere del tempo (e avere un qualche benefit o per essere informati meglio riguardo l'iniziativa). Se riesci a creare un senso di urgenza nelle persone, riuscirai a spingerle a fare diverse azioni, ecco perché diversi sconti sono "a tempo".

- Sperimenta nuovi contenuti, nuove storie e nuovi modi per portare avanti il tuo storytelling e analizza il responso del pubblico. Se è positivo continua, significa che stai facendo qualcosa che piace. Se invece il responso è negativo puoi smettere di creare quei contenuti o chiedere con un sondaggio come migliorarli.

- Anche se usi un profilo aziendale cerca di non essere troppo serio. Se trovi un meme adatto alla situazione puoi postarlo, o anche crearlo da zero. Non esagerare, ma una risata di tanto in tanto non ha mai fatto danni.

- Crea contenuti che possano essere condivisi ed inviati ad amici.

- Parla di te nei tuoi post.

- Non essere telegrafico nelle descrizioni, ma non creare nemmeno dei muri di testo.

- Analizza periodicamente gli hashtags per trovare quelli più efficaci. Questi siti sono ottimi per trovare l’hashtag migliore, ti consiglio vivamente di usarli: Tagsfinder, All Hashtag, Hashtagify, Sistrix, Daily Purpose e Hashtags For Likes.

- Posta sia immagini che video, nei video puoi inventare qualcosa per aumentare l’engagement. I video su Instagram che vanno di più sono: video tutorial di how-to, notizie, scende dietro le quinte ed interviste.

- Fai attenzione all’orario in cui posti. Osserva con gli analytics il momento in cui c’è maggiore movimento nella pagina, è il momento perfetto per postare. E’ anche molto utile sapere che l’algoritmo di

IG dà maggiore visibilità ai post che hanno tante interazioni nei primi 10/15 minuti, quindi se per esempio un post fa 100 like nei primi 10 minuti, avrà poi un numero molto maggiore di like rispetto a un post più valido, ma che non ha avuto quelle interazioni inziali. Semplicemente perché Instagram propone il post a più persone.

- Le taglie dei post preferite dall'algoritmo sono 1:1, 4:5 e 16:9. Instagram tende a proporre di più i post con queste misure perché non vuole che il feed appaia disordinato per via di post con dimensioni troppo diverse.

Segui questi semplici consigli e il tuo tasso di engagement rimarrà alto anche quando il tuo profilo si espanderà!

Cosa postare per avere maggiore coinvolgimento?

Hai appena letto i metodi migliori per aumentare il tasso di coinvolgimento, ma ci sono degli argomenti che vanno per la maggiore e che possono semplificare la vita?

Eccone una breve lista:

- I dietro le quinte del tuo lavoro e qualche scatto “rubato” che mostra come hai realizzato la tua immagine perfetta.

- Immagini motivazionali (sia sul piano personale che immagini generiche adatte all’occasione).

- Risposte a delle domande.

- Chiedere ai followers di taggare un amico.

- Sondaggi.

- Frasi motivazionali.

- Consigli di lettura (copertina del libro, foto del libro aperto, un particolare passaggio sottolineato che ti ha colpito).

- Consigli su serie Tv.

- Meme.

- Qualche post "fuori dalle righe" e leggermente controverso.
- Condividere dei disegni.
- Lanciare delle campagne benefiche o condividerne qualcuna per dare maggiore visibilità.
- Parlare dei tuoi piani futuri.
- Caricare dei video pertinenti al tuo storytelling.
- Creare dei contest.
- Vecchie foto dove racconti la storia dietro a quell'immagine.
- Foto di animali, in particolare i gatti funzionano sempre.
- Foto di moda.
- Foto retro con personaggi della cultura pop, vanno molto gli anni '80 e '90.
- Paesaggi.

- Collage creativi.
- Foto di cibo.

Analizzando le statistiche dei tuoi contenuti capirai subito quali tra questi sono gli argomenti più interessanti per la tua community e quindi quelli che portano in alto l'engagement rate.

L'arma segreta: le stories

Introdotte abbastanza di recente per fare concorrenza a Snapchat, le Stories di Instagram sono diventare in breve tempo apprezzatissime da tutti gli utenti e dagli influencers. Si tratta di brevi clip o foto che scompaiono automaticamente in 24 ore e che possono mettere in mostra un lato differente del tuo profilo, pubblicizzare quello che fai o metterti in contatto con il tuo pubblico in un modo diverso.

Se vuoi fare marketing su Instagram devi assolutamente usare bene le stories per aumentare il tuo engagement e raggiungere un nuovo pubblico. Questi sono alcuni consigli interessanti:

1. Usa gli hashtag e il tag di localizzazione per aumentare le possibilità di essere trovato da nuovi utenti.

2. Le stories scompaiono automaticamente dopo 24 ore ma è possibile archiviare le più belle o quelle più significative e renderle sempre visibili sul tuo profilo nella sezione degli Highlights (le storie in evidenza), che si trova sotto alla tua bio e prima dei tuoi contenuti. Si tratta di un archivio di storie che ritieni interessanti e che tutti possono vedere.

3. Posta diverse volte al giorno nelle stories. Non voglio dirti di postare ogni ora o ogni mezz'ora, ma cerca comunque di essere costante durante il giorno. Alcuni influencers non lasciano passare più di due ore senza aggiornare le loro stories.

4. Usa le domande e i sondaggi per aumentare il coinvolgimento dei tuoi followers (si, l'ho già detto ma tante persone sottovalutano l'efficacia di questo sistema).

domande
sondaggi.

5. Se hai un sito web o delle landing page allora usa le tue storie per spingere le persone a visitare il sito o la landing page.

6. Pianifica in anticipo le stories che vuoi caricare nel corso della giornata in modo da avere uno storytelling coerente. Se dovesse succedere qualcosa che attira la tua attenzione e che diventa virale però non farti problemi nell'interrompere la programmazione e improvvisare (per farle pubblicare automaticamente a una certa ora puoi usare i programmi che ho consigliato nel secondo capitolo)

7. Condividi post di altri utenti che ti hanno impressionato. Una delle leggi non scritte del web è quella di ricambiare la gentilezza quando qualcuno ti condivide. Se condividi utenti (anche più piccoli) loro ti condivideranno a loro volta, dandoti altra esposizione, e tutto questo senza nemmeno pagare.

8. Trasmetti spesso in diretta e pubblicizza sempre ogni diretta con il conto alla rovescia. Le storie dal vivo sono sempre

molto apprezzate dai followers e interagire direttamente con loro aumenta l'engagement.

Non sottovalutare mai il potere delle storie e, in generale, usa tutti gli strumenti che IG mette a tua disposizione.

engagement rate

like foto + video + cuter /

nr follower

Capitolo 6: Come vendere

A questo punto dovresti avere un profilo Instagram ben avviato, con uno storytelling ben preciso, dei followers che sono interessati a quello che fai e che sono ben disposti a interagire. È arrivato quindi il momento ideale per vendere e monetizzare tutto quello che hai fatto.

Ma come si può vendere con successo su Instagram? E cosa è meglio vendere?

Lo scoprirai adesso!

Vendere su Instagram

Sempre più persone acquistano online piuttosto che nei negozi fisici e la costante crescita di Amazon ne è la prova. Anche IG ha scelto di investire in questo settore e potrai vendere i tuoi prodotti a un nuovo pubblico che non ti conosceva o che, per motivi geografici, era impossibilitato a comprare fisicamente da te.

Per vendere è necessario possedere il profilo Instagram Business, ma se sei arrivato a questo punto della lettura ormai dovresti aver già effettuato il passaggio dal profilo classico a quello Business.

I vantaggi di uno store online aperto 24/7 sono tanti: si può comprare sempre, offerte esclusive, feedback immediati, tutti da tutto il mondo possono accedere in ogni momento e spendere soldi.

Ecco quindi degli utili consigli su come vendere su Instagram nel modo corretto:

- Investi in una campagna Instagram Ads, ovvero la pubblicità su misura per un pubblico che deciderai tu. La vedremo più nel dettaglio in seguito.

- Puoi impostare delle Stories come delle pubblicità, aggiungendo una call to action o un link a cui accedere per vedere una promozione o andare al negozio (per il link nelle storie bisogna avere almeno 10 000 followers, ma puoi invitare verbalmente i followers a fare qualcosa). Puoi anche semplicemente postare delle foto dei prodotti che vendi, ma i link sotto

link a cui accedere
10.000 follower

i post non sono cliccabili, lo sono solo nella bio e nelle storie. Comunque se non hai 10 000 followers puoi usare Instagram Shopping o le Ads per velocizzare il processo d'acquisto. Lo vediamo tra poco.

- Se hai un negozio esterno a Instagram metti il link nella tua bio e invita tutti a cliccarci sopra. Meglio se acquisti un dominio per questo link, è molto più professionale. In alternativa metti un link Linktree. Nulla ti vieta di avere diversi negozi su diverse piattaforme (Instagram, negozio personale, eBay, Amazon, Shopify, ecc), quindi Linktree può essere una buona soluzione per mettere tutti i link in una sola pagina. Diversifica i vari negozi in modo da non offrire la stessa cosa (che senso avrebbe a quel punto tenere in piedi così tanti negozi?).

- Crea degli sconti esclusivi solo per chi ti segue su Instagram in modo da aumentare anche l'engagement rate dei tuoi post.

- Dato che potrai collaborare con degli influencers, non esitare a mandare dei campioni gratuiti dei tuoi migliori prodotti per avere una sponsorizzazione, un video di unboxing o una recensione. Tutta la pubblicità che riuscirai a fare è un vantaggio per te, ovviamente se positiva. Ci sono diversi brand che spediscono oggetti a degli influencers gratuitamente in cambio di sponsorizzazioni, ma solo a patto che la recensione sia positiva. Personalmente non mi piace scendere a patti del genere, ma è una possibilità che puoi tenere in considerazione.

- Collabora con dei copywriters o con delle agenzie di comunicazione per individuare degli hashtag di tendenza e scrivere delle descrizioni che invoglino all'acquisto.

- Chiedi ai tuoi followers di creare delle storie o di postare sul loro profilo la loro esperienza con i tuoi prodotti e di taggarti. In cambio puoi offrire uno sconto o la spedizione gratuita per l'ordine successivo.

- Cerca di rispondere ai messaggi dei clienti nel più breve tempo possibile. A volte rispondere troppo tardi impedisce di fare business nel modo corretto, ricordati sempre che siamo nell'era del "tutto e subito" e che le persone si stufano in fretta di aspettare e possono rivolgersi alla concorrenza in ogni momento.

- Ancora una volta, impara a conoscere il tuo pubblico e vendi cose che gli possono piacere. Se ti rivolgi agli appassionati di fumetti vendi fumetti e gadget, non palloni da calcio.

- Cerca di accettare solo i pagamenti con PayPal o carta di credito, questo darà una maggiore sicurezza anche a chi comprerà dalla tua piattaforma (le persone sono molto restie a comprare in siti che non accettano i pagamenti PayPal, a meno che non si tratti di un colosso come Amazon).

Questi sono i consigli migliori per vendere su questa piattaforma, ma ora il problema è un altro: come farsi trovare? Non basta solo avere un profilo coinvolgente, creare contenuti accattivanti e tutte le strategie che hai già letto, ma è necessario anche usare la migliore amica del marketing: la pubblicità!

Instagram Ads

Instagram offre il suo programma di pubblicità a pagamento che è lo stesso che puoi usare con successo su Facebook e che si chiama Instagram Ads. A differenza di una campagna pubblicitaria standard, dove si crea e si trasmette un messaggio al pubblico generalista e si spera di trovare anche le buyer persona ideali, con Instagram Ads puoi targetizzare la tua campagna pubblicitaria per farla vedere solo alla tua buyer persona ideale e a un preciso pubblico. È il sogno di ogni pubblicitario e può permetterti di fare il grande salto verso grandi risultati.

Instagram Ads permette di creare una serie di contenuti pubblicitari diversi e senz'altro troverai quello che fa al caso tuo:

Ads con Stories: in questa Ads userai delle stories per promuovere un post, un prodotto o un servizio. Puoi inserire un link nella storia o invitare i followers a fare una determinata azione. È necessario usare immagini o video per questa Ads, con una durata massima di 120 secondi.

Ads con foto: L'inserzione classica su Instagram. In soldoni, scegli una foto di un prodotto o di un servizio e tramite questa foto sponsorizzerai qualcosa. Scegli una bella foto in modo che non sembri nemmeno una pubblicità, ma un contenuto come un altro. Si possono caricare delle foto sia in formato verticale che orizzontale con una dimensione massima di 30MB.

Ads con video: L'inserzione viene proposta sotto forma di video. A differenza delle Stories questo video non scomparirà dopo 24 ore, ma resta il limite di 120 secondi per la durata del video.

Ads Carosello: Il carosello è un collage di immagini o video nello stesso post e possono essere un buon modo per pubblicizzare una serie di prodotti in un solo annuncio o per mostrare varie sfaccettature dello stesso prodotto. A te la scelta.

Ads con raccolta: In questa Ads si può creare un collage di immagini in un solo post, esattamente come puoi fare con un'App come Pic Collage. È ottimo se devi pubblicizzare libri, vestiti o se stai vendendo degli immobili perché con un solo post puoi mostrare tantissime informazioni ai tuoi followers.

Ads in esplora: La sezione "Esplora" è la sezione dove tutti gli utenti cercano nuovi contenuti e dove si effettuano le ricerche. Essere pubblicizzati nella sezione "Esplora" è molto utile per essere notati. Si possono mettere Ads nella griglia di ricerca, nei feed e anche nei video. Pensa che l'83% degli utenti di IG ha scoperto nuovi prodotti o contenuti attraverso la sezione "Esplora". Si tratta di un potenziale pubblico che non puoi permetterti di perdere.

Una volta trovato l'Ads perfetto per la tua campagna arriva il bello, ovvero la personalizzazione. Il grande vantaggio di Instagram Ads è proprio quello di poter personalizzare ogni singolo aspetto della campagna, dall'età delle persone da raggiungere fino alla zona in cui vivono o le loro passioni.

Potrai definire tutti questi parametri e creare la tua Buyer Persona ideale, aumentando notevolmente le tue possibilità di vendere i tuoi prodotti o servizi.

Puoi personalizzare questi parametri:

- Il luogo in cui si trovano gli utenti che vuoi raggiungere. Per esempio, puoi programmare l'inserzione per fare in modo che sia vista solo da chi si trova in Italia e non dalla Francia, o solo da chi vive a Roma. Definisci la zona in base all'estensione del tuo business, se il tuo business è fisico, o di quanto puoi evadere gli ordini che riceverai, se spedisci prodotti. In base al luogo scelto potrai anche personalizzare le ore in cui l'Ads apparirà. Luogo e ora

- Gli interessi che hanno le persone. Se vuoi raggiungere un pubblico molto specifico, come possono essere i fan dei retrogames, puoi farlo facilmente personalizzando gli interessi delle buyer persona della tua campagna Instagram

Ads. L'algoritmo può selezionare queste persone in base alle App che usano, ai profili che seguono, ai commenti che lasciano nei vari profili o ai click alle inserzioni simili a quella che vuoi fare tu.

- Puoi semplicemente mostrare l'Ads al pubblico che hai già. Non è la cosa migliore da fare per espandersi, ma può comunque essere una buona idea cercare di recuperare utenti che non seguono più i tuoi contenuti.

- Targettizzazione automatica in base al lavoro dell'algoritmo di Instagram. La piattaforma troverà un pubblico che potrebbe essere interessato a quello che fai in base a una serie di parametri.

- I dati demografici della tua buyer persona. Puoi raggiungere persone in diverse fasce di età e questo è molto utile per assicurarsi che il tuo messaggio possa raggiungere esattamente il pubblico al quale si rivolge il tuo prodotto. Per esempio, un messaggio relativo a un servizio di intrattenimento o di streaming non sarà ritenuto troppo interessante dalle persone più anziane.

- Puoi raggiungere gli utenti che effettuano specifici comportamenti all'interno dell'App di Instagram.

- Puoi semplicemente raggiungere altre persone che hanno interessi simili al tuo pubblico attuale. Target

A questo punto devi definire l'obiettivo della tua campagna Ads. Non tutte le campagne pubblicitarie infatti hanno lo stesso obiettivo e capire cosa si vuole fare dovrebbe essere sempre la prima cosa da chiarire, in qualsiasi cosa che si vuole fare nella vita. obiettivo

In questo caso gli obiettivi dell'Ads possono essere:

1. Far conoscere maggiormente il brand, raggiungendo un pubblico che prima non ti conosceva.

2. Aumentare le visualizzazioni di un contenuto.

3. Portare traffico a un sito o a una pagina.

4. Spingere le persone a fare una determinata azione.

5. Aumentare il tasso di coinvolgimento di un post.

6. Conversioni.

7. Raggiungere il massimo numero di utenti possibili.

Ogni obiettivo permette all'algoritmo dell'Ads di lavorare in un modo specifico e di poter massimizzare la sua efficacia.

Dovrai anche decidere il budget da spendere per la campagna. Instagram Ads non è gratis ma non è nemmeno troppo costoso e il prezzo varia a seconda delle personalizzazioni, dello scopo della campagna, del posizionamento di essa e dalla durata. Il programma ti mostrerà il costo e modificando queste variabili potrai abbassarlo, o alzarlo, per renderlo in linea con il tuo budget.

L'Ads una volta programmata partirà immediatamente e durerà per tutto il tempo prestabilito.

Sembra tutto fantastico, vero? Un'Ads personalizzata al 100%, che raggiunge chi vuoi e che può portare a diversi risultati. Però non è tutto rose e fiori e voglio essere trasparente, l'Ads potrebbe non dare i frutti sperati.

Ci sono dei contro oltre a questi indubbi pro di Instagram Ads, come il fatto che Instagram non ha ancora i numeri di Facebook, quindi potrebbe essere più efficace impostare la campagna Ads lì piuttosto che su IG. Inoltre il fatto che Instagram si basi sulle foto può rendere poco efficace scrivere un buon testo che invogli all'acquisto, dal momento che non tutti lo leggeranno, e inoltre non è assolutamente detto che la campagna raggiungerà tutte le persone interessate. Si, sicuramente tanti cliccheranno sul contenuto, andranno sul sito, lasceranno like... Ma molti di questi non compreranno. Dovrai capire se i vantaggi e i possibili guadagni giustificano una spesa che, seppur modesta e non costosa come una campagna Ads tradizionale, è comunque un investimento di tempo, denaro e risorse. Se vuoi la mia opinione ti consiglio di provare e vedere cosa succede, poi cambiare qualcosa e riprovare... I risultati potrebbero essere molto interessanti.

La funzione Instagram Shopping

Da qualche tempo Instagram ha integrato la possibilità di fare shopping attraverso la sua piattaforma e non necessariamente attraverso un sito esterno. La funzione si chiama Instagram Shopping e dovresti provarla se hai intenzione di vendere dei prodotti su Instagram (è meno indicata se vuoi diventare un brand solido e indipendente da Instagram, ma le persone tendono a fidarsi più ad acquistare su Instagram rispetto a un sito sconosciuto).

Per attivare IG Shopping dovrai possedere l'account Business di IG e aver collegato l'account alla pagina FB del tuo brand. A questo punto puoi creare un catalogo con dei prodotti (o anche importarlo da altri siti) e chiedere a IG l'approvazione per aprire IG Shopping. Non è detto che avvenga, ma nella maggioranza dei casi dovrebbe approvare.

IG Shopping funziona taggando dei prodotti nelle foto o nei video che condividi sul tuo profilo (con un massimo di 5 tag per immagine). Il tag mostrerà il nome del prodotto e il prezzo, e chi cliccherà sul tag potrà comprare il prodotto in due modi: con un messaggio privato (e quindi pagandoti in qualche modo, consigliato sempre PayPal) o venendo reindirizzato a un sito esterno come Amazon, Shopify, il tuo sito personale, eBay o simili. È probabile che impostare l'acquisto via messaggio privato possa crearti dei problemi con l'approvazione dei post o di IG Shopping, quindi consiglio di impostare come metodo di acquisto il link a un sito esterno.

È ancora presto per dire se IG Shopping potrà o no fare la differenza nel tuo marketing o farti iniziare a guadagnare su Instagram, ma è comunque uno strumento più che valido che puoi usare per rendere ancora migliore la tua attività su Instagram. Io consiglio di provarlo e di vedere i risultati, è gratis e puoi cancellarlo in pochissimi passaggi in caso di insuccesso.

Capitolo 7 – Casi studio

Il mondo di Instagram è pieno di persone, brand e influencers che ogni giorno riescono a raggiungere milioni di persone con un solo post e che comunicano in maniera efficace il loro messaggio. Per fare questo è stato necessario pianificare attentamente la propria campagna di comunicazione, non lasciare mai nulla al caso e mettere in pratica le informazioni contenute in questo libro.

Il successo è arrivato a chi ha saputo innovare, coinvolgere le persone o proporre qualcosa fuori dal comune e in grado di intrattenere le persone in un modo nuovo o divertente. Non è sicuramente una cosa facile, sono il primo ad ammetterlo e senz'altro non è una cosa veloce. Diventare virali velocemente è una cosa che spesso succede (in particolare ai meme) ma è come una meteora: passa veloce, impressiona tutti ma poi viene ben presto dimenticata. Se punti a diventare un influencer e a raggiungere tante persone non devi assolutamente cercare di diventare una meteora (cercare il contenuto virale si, ma prima devi consolidare la tua posizione) ma semmai di crearti una reputazione affidabile, dare valore a quello che fai e fare in modo che le persone percepiscano quel valore, magari anche maggiormente.

È un processo che richiede del tempo, impegno e che non sempre porta al successo, ma per chi lo riesce a fare ci saranno soldi e collaborazioni che lo aspettano, oltre alla soddisfazione e al privilegio di essere in grado di fare un lavoro che piace.

Questi sono diversi casi studio di brand e di alcuni personaggi che hanno avuto un notevole successo su Instagram, molto spesso erano già famosi prima, ma dalla loro strategia su Instagram possiamo impararne qualcosa.

Starbucks

Starbucks è una famosissima catena di caffetterie diffusa in tutto il mondo ma ancora poco nel nostro paese, in quando i dirigenti di Starbucks ritengono il loro modello di business non adatto al popolo italiano e alla loro cultura del caffè, anche se ultimamente le cose stanno iniziando a cambiare e sono stati aperti dei punti vendita sul nostro territorio.

Tutti conoscono il logo di Starbucks e l'iconico bicchiere di carta con cui si beve il caffè e sul quale l'addetto scrive il nome del cliente prima di preparare il caffè. Starbucks su Instagram ha coinvolto i suoi followers in un modo molto interessante facendoli partecipare in prima persona alla creazione e personalizzazione dei bicchieri di carta, realizzando quelli più belli e anche chiedendo il permesso agli utenti particolarmente creativi di poter usare le loro creazioni sull'account ufficiale del brand.

Si tratta di un'iniziativa molto semplice, che non ha richiesto grandi investimenti e che ha portato l'engagement a livelli mai visti prima. Le persone si sono sentite coinvolte, il brand voleva sapere la loro opinione, chiedeva il permesso di usare le loro creazioni e tutti erano impazienti di mostrare la loro creatività. Era un gioco che le persone hanno trovato molto divertente e che ha prodotto dei risultati eccellenti.

Ricordati che i clienti detestano essere trattati solo come persone che pagano per avere qualcosa, ma amano essere coinvolti in prima persona, sentirsi importanti, poter decidere qualcosa ed essere coccolati. Insomma, vogliono avere la certezza di essere parte della famiglia e non delle persone che devono solo pagare, prendere la loro merce e andarsene senza creare problemi. Se riuscirai a coinvolgere i tuoi followers senza mai trattarli da clienti, ma come membri di una grossa community, allora il successo sarà quasi assicurato.

Sixthtreezero

Sixthtreezero è una compagnia che produce biciclette da spiaggia. Un brand conosciuto, ma non così tanto da diventare virale o da arrivare anche al grande pubblico, quello che pensa che "le bici sono tutte uguali" e semplicemente acquista la prima bici che vede o solo il modello più economico.

Il profilo IG del brand contava 20.000 followers e un buon tasso di coinvolgimento, segno che la nicchia era stata raggiunta e che tante persone erano davvero interessate a quei contenuti.

Però, nel corso del 2016, l'account è stato lasciato a sé stesso e l'interesse è andato a morire lentamente.

Era necessaria un'azione decisa, un investimento di tempo e di risorse per rilanciare il brand online in modo incisivo, una strategia a prova di bomba.

Il primo obiettivo del rilancio del brand è stato quello di differenziare Sixthreezero dalla casa madre (Beachbikes). Infatti i due profili aziendali pubblicavano praticamente le stesse cose: che differenza c'era tra i due brand? In questo modo si veicolava il messaggio che una cosa valesse l'altra.

Quello era il primo problema da risolvere. Il secondo era individuare la buyer persona ideale.

Il brand voleva dei giovani millennials o generazione Z, persone alla ricerca di avventura all'aria aperta, non chi si spiaggia sulla sdraio sorseggiando una granita o chi resta sotto all'ombrellone.

Un target che sulla carta sembrava ideale: persone giovani e dinamiche, interessate alla bicicletta e che quindi potevano ritenere interessante seguire su IG un brand che parlava proprio di questo.

Peccato che, dati alla mano, l'azienda aveva come clienti principali delle donne oltre la quarantina.

C'era un problema: si cercava di attirare un pubblico che non era per nulla interessato a comprare il prodotto.

Che fare?

Gli obiettivi sono 4:

- Rilanciare il brand differenziandolo da quello della casa madre
- Portare traffico al sito web
- Aumentare il tasso di coinvolgimento
- Fare crescere il profilo

Come realizzare questi obiettivi?

La prima cosa da fare era rilanciare il brand, puntando verso chi “portava i soldi”, ovvero delle persone più adulte della generazione Z, che seguiva la pagina e magari interagiva, ma poi non comprava nulla. Il brand ha modificato i soggetti delle fotografie ingaggiando modelli leggermente più adulti e inserendo dei filtri nei contenuti che erano già stati creati e poi cambiando la location degli scatti.

L’avventura non è solo in spiaggia, è dappertutto, e quindi iniziarono a condividere dei contenuti con location cittadine, includendo quindi anche materiale adatto a chi non è appassionato di spiaggia o che vive in città. Si aumentò anche la frequenza dei post (prima erano davvero nulli), con un minimo di due foto al giorno e a salire.

Il resto della strategia comprendeva un mix di tutte le tecniche che hai già appreso in questo libro, ovvero:

- Follow/Unfollow di altri account simili, con interazione con like e commenti per portare sulla pagina nuovi utenti.
- Risposta veloce e immediata ai commenti.

- Invito a taggare il brand con un hastag personalizzato e condivisione dei contenuti più belli sulla pagina ufficiale in modo da coinvolgere i followers (come ha fatto Starbucks).

- Migliori descrizioni delle foto per rinnovare lo storytelling, tenendo conto della fascia d'età della buyer persona ideale.

- Sponsorizzazioni mirate con noti influencer del settore.

- Uso di una sola serie di filtri per ogni foto, in modo da renderli immediatamente riconoscibili.

- Individuazione del miglior orario per postare e degli hashtag più di tendenza nelle foto.

- Creazione e caricamento di contenuti leggermente diversi ma sempre legati allo stile di vita avventuroso.

- Pianificazione in anticipo di almeno un paio di settimane di post.

I risultati?

Crescita esponenziale: +11.060 followers in 7 mesi, 366 contenuti caricati, 933.000 visualizzazioni e 77.659 interazioni (commenti, like, condivisioni). Un risultato che ha richiesto sette mesi di lavoro, attenta pianificazione e l'umiltà di ammettere che qualcosa non stava funzionando per il verso giusto e la volontà di rimettersi in gioco.

E tutto questo ha pagato.

Norma's Teaching

Insegnare inglese online è possibile? Certo, ci sono tantissimi corsi a pagamento o canali YouTube che lo fanno, ma questa storia è differente.

Parliamo dell'account Instagram Norma's Teaching e del suo rapidissimo successo. Si tratta di un canale che è nato a maggio 2020, in piena pandemia e con le scuole chiuse. Norma era un'insegnante di inglese costretta a stare a casa dalla chiusura delle scuole.

Norma ha iniziato a caricare brevi video su Tik Tok, ottenendo immediatamente un rapidissimo successo, trasferito anche su Instagram, ma è stato qui che Norma ha tirato fuori il colpo da maestro: differenziarsi dalla concorrenza.

La strategia è semplice: la concorrenza offre lo stesso prodotto? Bene, c'è qualche difetto?

Eccome se c'è. Le lezioni erano completamente scollegate l'una dall'altra e quindi mancava uno degli ingredienti fondamentali del successo su Instagram: lo storytelling!

Norma ha deciso di dedicare ogni giorno della settimana a un tema ben specifico, con una live il sabato e poi con un quizzone finale la domenica per verificare i progressi. Poco tempo al giorno, ma costante, che ha portato a una grande crescita, aumentata dall'uso dei Reels, ovvero dei micro video implementato da Instagram come risposta al crescente successo di Tik Tok.

Come usare bene quei pochi secondi?

Norma crea qualcosa di particolare: una breve clip che si concentra sugli errori di pronuncia.

Un successo: 120.000 followers in più in un mese!

E tutto seguendo solo tre passaggi:

- Migliora quello che propone la concorrenza
- Crea un format personale, qualcosa che ti contraddistingua
- Crea qualcosa che piace alla gente

Ecco la formula del successo.

Conclusione

Siamo arrivati alla fine di questo viaggio nel mondo del marketing su Instagram e spero davvero che tu abbia imparato tante cose nuove.

Il mondo è in costante evoluzione e ormai tutto viaggia a una velocità folle e ormai il digitale è una vera barriera divisoria. Da una parte chi lo sfrutta e riesce ad aumentare le vendite o a crearsi un lavoro a tempo pieno, dall'altra chi non lo sfrutta vede sottrarsi intere fette di mercato dai competitors. Sembra una profezia di sventura ma il business è orientato in questo modo, l'onda del digitale è ancora fortissima e davanti a te hai due opzioni: cavalcare l'onda o venire travolto. La scelta è tua, ma quello che deciderai influenzerà la tua vita e quella delle persone che ti stanno attorno.

Instagram è più di un social dove si caricano foto e si perde tempo, è un vero microcosmo imprenditoriale dove puoi fare soldi con le tue passioni, comunicare in un istante con persone dall'altra parte del mondo e poter parlare delle tue passioni. È un luogo in cui si può fare business in modo professionale, e spero che questo messaggio sia passato attraverso le mie parole. La società, in particolare le persone più anziane e i mass media, guardano ancora con sospetto agli influencers, definendoli persone pigre e svogliate, che si sono inventate questo lavoro per non lavorare veramente (basandosi sul solito vecchio pregiudizio secondo cui l'unico lavoro "vero" sia quello manuale o quello da ufficio) e che chi li segue è solo un povero scemo.

Immagino che tu abbia sentito questi discorsi almeno una volta nella vita.

E sono sbagliati, sono discorsi di persone che non sono restate al passo con i tempi o che hanno paura di quello che può accadergli. Gli influencers con un solo post raggiungono milioni di persone, hanno un linguaggio fresco e moderno e possono davvero muovere montagne di denaro, tutte cose che i media tradizionali faticano a fare e, senza fare autocritica, scelgono la via più facile: demolire il nemico, minimizzarlo, ridimensionarlo.

Ma Instagram non è una perdita di tempo e gli influencers sono persone che hanno avuto il coraggio di mettersi in gioco e di realizzare il loro sogno: guadagnare con la loro passione. Chi li definisce fannulloni o miracolati è solo invidioso del loro successo o ha paura della facilità con cui riescono a parlare alle persone e ai ragazzi.

Il futuro è questo, il futuro del marketing è digitale e se vuoi giocare un ruolo da protagonista devi necessariamente imparare a usare tutti i mezzi a tua disposizione nel migliore dei modi.

Hai imparato a usare le storie di Instagram, come aumentare il tuo tasso di coinvolgimento, che puoi realizzare la tua campagna pubblicitaria su misura in pochissimo tempo e una serie di informazioni utili. Ora tocca a te metterle in pratica. Se sarai costante e imparerai dall'esperienza, i risultati prima o poi arriveranno. Instagram attualmente è una miniera d'oro e tocca a te estrarlo.

Ti ringrazio per aver dedicato parte del tuo tempo alla lettura di questo libro, spero ti aiuti a raggiungere il successo.

Facebook Ads

La Guida Completa per Creare Campagne di Successo; Funzionamento Dettagliato, Aumentare La

Conversione degli Annunci, Diverse Strategie, Lettura Dati, Ottimizzazione e Molto Altro!

Table Of Contents

Introduzione

Non importa il settore in cui si opera: qualsiasi imprenditore voglia attirare nuovi clienti non può rinunciare alla pubblicità su **Facebook**. Un post a pagamento sul social network creato da Mark Zuckerberg, nonostante l'entrata prorompente di Tik Tok nel mercato dell'advertising e l'uso sempre più diffuso di Instagram, è ancora il mezzo di comunicazione social che le aziende scelgono per interagire con i loro potenziali clienti.

Infatti, se usato in sinergia con altri strumenti di web marketing, Facebook ha un grande **potere attrattivo** ed è un modo di raggiungere il consumatore in un momento in cui è più propenso ad assimilare pubblicità, ovvero quando si rilassa davanti allo schermo dello Smartphone o del PC. Questo avviene soprattutto grazie alle numerose funzioni e possibilità che il social network fornisce alle imprese per profilare al meglio il proprio target.

Un altro grande vantaggio che rende la pubblicità su Facebook davvero efficace è la capacità di attirare l'utenza basandosi sul **grafo sociale**, ovvero tutti quei dati sulle preferenze e le attività delle persone raccolti dal social network stesso e usato per permettere a un annuncio di raggiungere il target di riferimento. Questo è il motivo per cui una persona, quando solo esprime una preferenza su un certo contenuto con un like, verrà raggiunta da annunci, video, foto pertinenti a ciò che gli interessa.

E' per questa ragione che è importantissimo, come vedremo, **partire da un consumatore di riferimento**, ovvero un utente potenzialmente interessato al prodotto che si vende o alla comunicazione che si vuole condividere. Senza questo fondamentale passaggio, un'inserzione a pagamento su Facebook è destinata a fallire. Il social network, poi, aiuta in questo processo: nei prossimi capitoli vedremo nella pratica come si crea un annuncio efficace passo per passo, ma per ora considera che **Facebook aiuta a profilare gli utenti** e a raggiungerli con un certo grado di automazione.

Non tutti coloro che utilizzano le inserzioni a pagamento su Facebook lo fanno nel modo corretto: non basta investire soldi tutti i giorni per mettere in evidenza un post o la propria pagina per attirare nuovi clienti. Non basta impostare l'obiettivo automatico mentre si crea la campagna. Ci sono molte domande che un buon imprenditore, marketer o social media manager deve considerare prima di pubblicare un annuncio efficace: le vedremo tutte nel corso di questa **guida sui Facebook Ads**.

In particolare, questo libro si pone l'obiettivo di spiegare **come creare gli annunci nella pratica per ottenere risultati concreti e guadagnare**. Non ti fornirà solo nozioni che magari hai già incontrato nel tuo percorso nell'ambito del web marketing, ma anche consigli, spunti e strategie per migliorare la tua presenza sul social e anche aumentare i profitti.

Troverai prima una breve nomenclatura sui tipi di Facebook Ads in relazione ai loro obiettivi, seguita da un capitolo sul funzionamento dell'algoritmo. Passerai poi ad apprendere come si struttura una campagna e creare degli annunci che portino l'utente a eseguire l'azione che richiedi. Scoprirai quanto sia importante leggere i report e aggiustare la strategia di comunicazione in base ai risultati. L'ultima parte del manuale vuole essere piùteorica, spiegando come funzioni il funnel marketing su Facebook e l'installazione di un pixel per il monitoramento delle azioni dei clienti. Troverai poi consigli sui principali software per gestire le inserzioni e sulle strategie migliori per raggiungere i tuoi obiettivi.

Tipi di Facebook Ads

Veloce, efficace, personalizzabile: ecco perché la pubblicità su Facebook è ancora la preferita dagli imprenditori

Nonostante oggi esistano altri social network che stanno suscitando l'attenzione delle aziende per raggiungere i propri clienti (oggi, a differenza del decennio scorso, sembra che le varie fasce di età stiano migrando verso il social che più le rispecchia), **Facebook è ancora la piattaforma che raccoglie il maggior numero di investimenti pubblicitari**.

Questo perché è un dato di fatto che gli annunci di Facebook funzionino, se usati con consapevolezza e creatività. Si rivelano, infatti, degli ottimi complementari agli annunci di Google Adwords, pur essendo molto meno complessi. Le persone entrano sul social network quotidianamente e vi interagiscono, generando una **mole di dati** impressionante a disposizione degli investitori in inserzioni a pagamento. Il numero di utenti oggi iscritti a

Facebook è 2.5 miliardi, una cifra impressionante e le aziende hanno l'acquolina in bocca quando la leggono. Non è solo una questione di numeri, ma anche di tempi: un utente in media trascorre 50 minuti sulla bacheca del social network e viene raggiunto da un post sponsorizzato ogni 3 o 4 circa. Questi dati, però, non vanno presi sotto gamba: per creare annunci efficaci su Facebook **serve ragionare sugli obiettivi, elaborare un piano strategico per raggiungerli e saper misurare** il successo (o il fallimento).

Ciò che gli inserzionisti adorano è la **velocità**: in pochi passaggi, chiunque possieda un profilo aziendale su Facebook può creare un annuncio che raggiunga più persone possibile. Infatti, non solo impostare la pubblicità è un processo rapido, anche grazie alle possibilità di salvare le preferenze, ma l'afflusso del traffico è immediato. Il tutto, senza investire delle quantità eccessive di denaro. Se ben progettata, una pubblicità su Facebook è in grado di portare ottimi risultati economicamente e in poco tempo.

Per quest'ultimo motivo, molte piccole aziende, liberi professionisti e attività nuove sul web scelgono **Facebook come strumento di social media marketing**. Il social network è aperto a chiunque voglia iscriversi e concede molte opportunità di crescita, a prescindere dall'attività che si vuole promuovere.

Non è facile solo creare una campagna, ma anche monitorarne i risultati, grazie agli strumenti di report del social network.

Inoltre, **Facebook Ads si aggiorna annualmente**, arricchendo la proposta di funzioni per rendere l'esperienza di creazione della campagna il più personalizzabile ed efficace possibile. Nonostante la concorrenza di altri social network, Facebook è in grado di stare al passo con i tempi e soddisfare le esigenze degli inserzionisti.

La **personalizzazione** è massima, sia per quanto riguarda il target che per il budget giornaliero: basta impostare diverse caratteristiche del proprio pubblico ideale e quanto si vuole spendere in base al numero di persone che si vuole raggiungere ogni giorno.

Non solo: la customizzazione riguarda anche il contenuto dell'annuncio che di solito è sia testuale che multimediale. Facebook permette di scegliere tra una vasta gamma di modelli di annunci tra cui scegliere. Nel prossimo capitolo li vedremo nel dettaglio: scoprirai le loro caratteristiche principali e gli obiettivi.

Tutti i tipi di Facebook Ads e i loro obiettivi

Come già anticipato, le **possibilità di personalizzazione** della pubblicità su Facebook sono enormi. Chi si affaccia per la prima volta in questo mondo, si potrebbe sentire confuso mentre chi già investe in inserzioni pubblicitarie, ma senza criteri validi, potrebbe solo generare contenuti inefficaci.

Ecco perché **è utile tenere bene a mente i formati di Facebook Ads che il social network propone e anche i loro obiettivi**. Quando si genera un'inserzione su Facebook, bisogna tenere a mente due criteri: il modello dell'annuncio e l'obiettivo. Queste due caratteristiche sono anche quelle che differenziano un tipo di inserzione da un'altra.

Partiamo dagli obiettivi che sono ciò che potrebbe trasformare un tuo visitatore in cliente:

- alcuni annunci servono per **generare awareness**, o sensibilizzazione. Questi tipi di inserzioni permettono agli utenti di conoscere un'azienda e diventare consapevoli della sua esistenza. Immagina un post in questo formato come un primo punto di contatto tra un'attività e nuovi potenziali clienti. In un caso simile, è bene puntare su un contenuto che attiri da subito l'attenzione, come un'immagine, un disegno, un'infografica o un video. La creatività qui è necessaria per colpire l'utente e invitarlo ad approfondire la conoscenza dell'azienda: i testi sono solitamente brevi ma incisivi, per lasciare spazio alle immagini che parlano da sole. Non serve qui parlare troppo o chiedere di eseguire azioni troppo complesse. Considera un annuncio di questo tipo come un avviso dell'esistenza di un'attività;

- ci sono annunci che favoriscono la **considerazione**, ovvero che spingono il potenziale cliente ad approfondire la conoscenza dell'azienda e dei suoi prodotti, in funzione di un futuro acquisto. Si tratta di inserzioni che rimandano a contenuti sul sito dell'attività, al blog, al modulo di iscrizione per la newsletter...insomma, richiedono un primo sforzo per entrare in contatto con l'azienda e scoprire la sua mission, i suoi prodotti e la sua storia. In questa fase, quindi, il potenziale cliente è chiamato a una minima azione che non coincide per forza con l'acquisto. Inserzioni di questo tipo richiedono uno sforzo maggiore per la loro creazione: il testo deve essere breve ma coinvolgente, deve fornire delle informazioni, ma non tutte, in modo che l'utente visiti altri canali dell'azienda per scoprire di più. Il rimando ai contenuti interessati deve saper catturare l'attenzione dell'utente, in modo che, una volta arrivato al sito, lo esplori, ne legga i contenuti o guardi i video. L'invito all'azione deve essere chiaro e bisogna studiare bene la landing page che l'utente visiterà dopo il click;

- infine, un obiettivo delle inserzioni su Facebook è la **conversione** degli utenti. Ciò significa che chi incrocia il contenuto sponsorizzato deve cogliere un invito all'azione ben preciso e che questa azione, dal punto di vista aziendale, deve portare ad aumentare i profitti. In questo caso, più che in altri, è importante colpire le emozioni dell'utente e non solo la sua attenzione, come nel caso dell'awareness: bisogna essere "subdoli", creare urgenza nel potenziale cliente e fargli capire che, se non colgono l'occasione al volo, rischiano di restare senza il prodotto o il servizio offerti dall'azienda.

Questi sono i principali macro obiettivi che hanno in mente gli inserzionisti quando generano una pubblicità su Facebook. Vi sono poi dei micro obiettivi, ovvero un'azione che gli utenti dovrebbero eseguire per aumentare la visibilità o i profitti di un'azienda:

- **aumento del traffico sul sito web**, il quale può portare, a sua volta, all'iscrizione dell'utente a newsletter, alla condivisione di contenuti sui social o prendere parte a qualsiasi altro tipo di lead generation;

- **acquisto del prodotto o prenotazione di un servizio**;

- **aumentare l'interazione con la pagina aziendale di Facebook** e i suoi post;
- **installare delle app** sviluppate dall'azienda da cui essa può guadagnare profitto o raccogliere dati sugli utenti;

- **invitare i potenziali clienti a visitare il negozio fisico o a presenziare a eventi**.

Tenendo bene in considerazione questi obiettivi, vediamo i diversi **formati di annuncio** che il social network fornisce e quali siano i migliori per raggiungere determinati risultati. Dal formato dell'inserzione che si sceglie dipende la sua capacità di attirare il target desiderato e quindi anche, in parte, il successo della campagna.

- **Annuncio foto:** si tratta del formato più semplice, poiché basta caricare un'immagine e corredarla di didascalia e invito all'azione. L'importante, per creare un annuncio con foto efficace, è spendere tempo nella creazione di immagini accattivanti, professionali e in grado di colpire gli utenti. Come nel caso del prossimo tipo di annuncio, anche questo è destinato soprattutto a creare awareness.
- **Annuncio video:** un breve video offre l'opportunità, non solo di mostrare delle immagini in sequenza che sappiano catturare l'attenzione del potenziale cliente, ma anche raccontare l'azienda con poche, ma efficaci, parole. Grazie all'applicazione Facebook Watch e all'aumento della fruizione di video sul social network, questo tipo di annuncio è tra i più scelti per la sua efficacia e per il suo impatto sul pubblico. I video sono generalmente brevi (su dispositivi mobili possono raggiungere anche i soli 15 secondi) e arricchiti da grafiche, musica, immagini statiche e molto altro

in grado di comunicare in modo coinvolgente e diretto. Un video è in grado di dire tutto senza l'aggiunta di didascalie o inviti all'azione.

- **Annuncio con link**: sono delle inserzioni in cui vengono inseriti dei link che portano a specifici contenuti del sito web, come la pagina per iniziare una prova gratuita di un servizio, il blog o anche la home page. É un ottimo strumento che porta l'utente all'esplorazione dell'azienda, ma anche alla possibile conversione.
- **Post potenziati**: si tratta di post precedentemente pubblicati sulla pagina aziendale e poi messi in evidenza. Facebook invita l'amministratore della pagina a promuovere il post: cliccando sopra questo invito, si può aumentare il numero di persone che visualizzano e interagiscono con il post.
- **Slideshow:** Facebook stesso consente di creare dei brevi video che mostrano le immagini presenti sulla pagina aziendale. Li genera automaticamente e permette di personalizzarne le

transizioni, la musica ecc. Altrimenti, l'utente può utilizzare indipendentemente un software di presentazione e caricare il risultato sull'annuncio.

- **Carosello:** questo modello è uno degli ultimi ideati da Facebook e consiste in una *carrellata* di schede di prodotto una accanto all'altra che l'utente può far scorrere. Secondo alcune ricerche, questo formato ha un'incidenza dieci volte più forte di qualsiasi altro su Facebook. Ogni immagine è corredata di un invito all'azione. Questo formato, infatti, permette di includere non solo più contenuti diversi, come foto, video e slideshow, ma anche diversi link per invitare l'utente a fare qualcosa. L'annuncio diventa una specie di catalogo virtuale di prodotti e servizi che il potenziale cliente può visitare e scoprire più informazioni possibili sull'azienda. Per questo è un ottimo strumento per creare awareness, ma anche per portare l'utente all'esplorazione. É necessario scegliere i prodotti o i servizi che attirano di più la clientela, così che l'utente, incrociando l'annuncio, rimanga colpito e decida di approfondire la conoscenza con l'azienda. Un'altra strategia efficace può essere quella di costruire una storia attraverso lo scorrimento delle schede di prodotto, in modo da suscitare la curiosità dell'utente e portarlo a visitare tutti i contenuti.

- **Collection ads**: questa inserzione permette di mostrare sia un video, un'immagine o una slideshow per catturare l'attenzione dell'utente, sia una raccolta di foto di prodotti in vendita sul sito. Si tratta, dunque, di un annuncio con foto o video completato da un catalogo.
- **Canvas ads:** si tratta di "annunci a schermo intero" e di "esperienze interattive". Sono studiati per i dispositivi mobili, per contenuti a pubblicitari molto più dinamici e coinvolgenti. L'utente può guardare video e foto, scorrere le unità carosello, inclinare lo schermo per visualizzare

una panoramica o immagini con tag di prodotti. Facebook offre dei template da personalizzare con diversi contenuti e sono studiati apposta per creare una vetrina da esplorare: l'inserzionista può quindi ritagliare uno spazio personale sul social network per raccontarsi con diversi contenuti in un annuncio solo.

- **Annuncio con prodotti dinamici:** sono inserzioni simili al carosello ma, piuttosto che presentare delle schede di prodotto, si tratta di tanti annunci con immagini e link raggruppati in una barra scorrevole che l'utente può esplorare. Gli annunci dinamici promuovono automaticamente i prodotti alle persone che hanno espresso interesse riguardo ai prodotti stessi. Si tratta di una delle migliori strategie di remarketing su Facebook ed è adatta a convertire un semplice utente in cliente.
- **Annuncio con modulo o Lead Ads**: quando l'utente clicca su questo tipo di inserzione, compare un form da compilare. Questa azione potrebbe portare il visitatore a scaricare un

coupon, contenuti gratuiti, a iscriversi alla newsletter o a prendere un appuntamento. Queste inserzioni permettono all'utente di visitare il sito dell'azienda senza lasciare l'app di Facebook, per un'esperienza di navigazione continua e più confortevole. In caso di registrazione o acquisto, il sito web raccoglie già i dati dell'utente come nome, cognome, e-mail, data di nascita e molto altro per compilare i vari form, senza doverlo fare manualmente.

- **Annuncio con app**: esistono le varianti mobile e desktop per questa inserzione, la quale invita l'utente a installare un'applicazione sul proprio dispositivo. La scelta del target è qui fondamentale, sia per destinare l'applicazione al giusto sistema operativo sia per gli utenti che utilizzano un dispositivo piuttosto che un altro. Questo tipo di annuncio è molto utile per la conversione dell'utente nel caso si voglia promuovere un'app.

Come funzionano i Facebook Ads

Quando si crea un annuncio su Facebook bisogna tenere in considerazione alcuni elementi:

- un titolo (brevissimo, di poche parole)
- l'obiettivo dell'inserzione
- il target
- il budget
- la creatività, ovvero il contenuto multimediale e la parte testuale, che deve essere in grado di catturare l'attenzione nell'immediato
- il posizionamento
- il tempo di permanenza dell'annuncio su Facebook

Crearne uno è **semplice e immediato**: basta aprire il pannello di gestione delle inserzioni sulla pagina aziendale e costruirlo da zero. Si scrive il testo, si carica l'immagine o il video, si imposta manualmente il target, il budget e il tempo di permanenza. Dopo la pubblicazione dell'inserzione, è possibile osservarne l'andamento e il modo in cui l'utente interagisce.

Come qualsiasi altro strumento di marketing, anche **un annuncio su Facebook efficace deve saper colpire le emozioni** dell'utente, informarlo, intrattenerlo, ma anche invitarlo ad agire e condividere ciò di cui ha fruito con altre persone. Quello che un'azienda offre deve convincere il visitatore a comprenderne i vantaggi e che quel contenuto potrebbe migliorare la sua condizione attuale. L'inserzione deve saper comunicare tutto ciò che convertirebbe l'utente in cliente.

Una volta deciso il copy e il contenuto multimediale che colpirà l'utente, è ora di passare alla scelta del **target**, un passaggio fondamentale nella creazione di un'inserzione. Scegliere i destinatari corretti permette di risparmiare soprattutto soldi e rendere efficace la campagna. Significa individuare le persone che potrebbero apprezzare ed essere interessate al prodotto o all'azienda. Trovare il giusto segmento di pubblico vuol dire creare maggiore interazione con gli utenti e non lasciare che la spesa investita in inserzioni non vada persa: persone interessate ai contenuti di un'azienda possono diventare più facilmente clienti e aumentare i profitti.

Il target è totalmente personalizzabile: si può, infatti, scegliere il pubblico di riferimento in base a una fascia più o meno ampia di età, sesso, provenienza, interessi, like, visite ai siti e molto altro. Si può anche impostare il pubblico da escludere, possibilità che aumenta le chance di raggiungere le persone giuste.

Una volta individuato il pubblico e impostato il proprio budget giornaliero (più si spende e più si raggiungono utenti) è il momento di **pubblicare l'annuncio e seguire il suo andamento**. **Gli elementi fondamentali per leggere gli insights** di un'inserzione su Facebook sono i seguenti: numero di clic ricevuti sul sito provenienti dall'annuncio; CTR, (Click Through Rate) ovvero il rapporto tra numero di clic e impression, che è il numero di volte in cui l'inserzione è comparsa sullo schermo di un utente; copertura, cioè il numero di persone che sono state individuate come pubblico di riferimento; CPM (Cost Per Mille, costo medio per avere 1.000 impressioni sull'annuncio); CPC (Cost Per Click, rapporto tra l'importo speso per un annuncio e il numero di clic); le azioni compiute dagli utenti e attribution, cioè i passaggi nel percorso di acquisto di un cliente.

Nel prossimo paragrafo, vedremo come funziona l'algoritmo di Facebook e in che modo sceglie la posizione in cui compare un annuncio in modo che raggiunga l'utente. Quando questo succede, ovvero quando una persona vede un'inserzione, **Facebook addebita una cifra** all'inserzionista. É quindi fondamentale che l'annuncio compaia per primo nel newsfeed e sappia attirare l'attenzione, altrimenti l'autore avrà solo perso tempo e denaro, come vedremo tra poco. I fattori che permettono ad esso di comparire nel posto giusto davanti all'utente desiderato sono tre: **l'offerta dell'inserzionista, il valore dell'utente e il tasso di azione stimato**. Da questi criteri dipende il punteggio che Facebook attribuisce all'inserzione: più alto sarà e migliore risulterà il posizionamento. Il prossimo paragrafo affronta nel dettaglio tutti questi termini.

L'algoritmo di Facebook Ads

Alcuni inserzionisti sono convinti che, spendendo di più, otterranno un **migliore posizionamento dei propri annunci sul social network**. Su Facebook, in realtà, non funziona così.

É vero che Facebook, come Google Ads o LinkedIn Adv, utilizza un **sistema ad aste**, ma il valore dell'offerta dell'inserzionista non è l'unico criterio con cui il social network sceglie i migliori annunci da mostrare a uno specifico target: infatti, l'algoritmo di Facebook valuta la qualità dell'annuncio e quello migliore, più pertinente e interessante, vince l'asta e si posiziona meglio.

Partiamo, però, dall'inizio. Innanzitutto, **comparire per primi nel feed di Facebook** o nell'elenco laterale degli annunci è importante perché, nel primo caso, gli utenti dopo un po' si annoiano a scorrere i contenuti ed è bene fare in modo di mettersi in mostra il prima possibile. Nel secondo caso, è abbastanza ovvio, per una questione di spazio: la barra laterale contiene un numero limitato di annunci ed è bene posizionarsi tra quelli.

Comparire prima di un competitor nel feed significa che l'utente sarà più propenso a visitare il sito e comprare. Facciamo un esempio: se una ragazza ha visitato nei giorni precedenti dei siti per acquistare delle scarpe da ginnastica perché le vuole comprare, sarà più propensa a visitare il primo sito che compare nel feed e, magari, acquistarle da lì. Una volta effettuato l'acquisto, gli altri siti che vendono scarpe da ginnastica che scorreranno sotto i suoi occhi non saranno più così interessanti. Anzi, passeranno inosservati.

Ciò non vale solo con i competitors nel proprio settore, ma anche provenienti da quelli differenti: un utente non apre tutti gli annunci che incrocia, così come non esegue azioni su ognuno dei siti. Se la stessa ragazza di prima compra delle scarpe da ginnastica, a meno che non abbia necessità di acquistare altro, non cercherà altri oggetti mentre visita il feed di Facebook nello stesso frangente di tempo. Ecco perché arrivare prima, quando la mente del consumatore non è influenzata da ciò che ha visto in precedenza.

Una stessa persona ha moltissimi interessi e questo mette in difficoltà gli inserzionisti che vogliono attirare l'attenzione sul proprio annuncio: un utente non è interessato a tutto ciò che vede, altrimenti dovrebbe aprire qualcosa come 40 annunci durante una sola visita sul feed di Facebook e che riguardano una decina di argomenti diversi. Ecco perché è importante mirare a un **pubblico ben definito**, così da non proporre un'inserzione a qualcuno interessato ad altro e sprecare così soldi, ma al contrario proporla a qualcuno davvero interessato e quindi aumentare le probabilità di successo della campagna.

Oltre a scegliere precisamente i destinatari dell'annuncio, **bisogna conoscere bene il funzionamento dell'algoritmo di Facebook che, a differenza di quanto molti pensano, non si basa solo ed esclusivamente sull'offerta monetaria dell'inserzionista**. Esso fa uso di un punteggio: chi ottiene quello più alto, si posiziona meglio nel feed. Di seguito, vediamo quali elementi influenzino il ranking dell'annuncio:

- come già detto, **l'offerta**, anche se non è l'unico criterio su cui si basa il posizionamento. Si può scegliere di lasciare l'impostazione di default di Facebook, ovvero quella al **costo più basso**. In questo caso, Facebook ha in mano la situazione, fa l'offerta al posto dell'inserzionista. Questa scelta va bene nel caso in cui si sta creando per la prima volta un annuncio sulla propria pagina aziendale e non si hanno coordinate esatte che indichino l'offerta ideale per raggiungere l'obiettivo. È però anche un'opzione efficace per spendere al meglio il proprio budget e con prezzi bassi. Il problema è che l'inserzionista non ha il controllo sul costo per il risultato finale e spende tutto il budget, qualunque sia il risultato. Si può, invece, scegliere di porre un **importo fisso** oltre il quale Facebook non può spingersi. È utile quando si cerca di generare contatti, invitare a scaricare un'app o visitare un sito. Si tratta della migliore scelta per tenere sotto controllo i costi, ma anche i risultati, cosa che permette di aggiustare l'importo massimo secondo il bisogno. Anche questa scelta ha dei limiti, tra cui non essere in grado di acquisire un posizionamento migliore e quindi aumentare le impression a causa dei limiti dell'offerta. Ultima possibilità è scegliere l'opzione di cambiare la **bid strategy** ovvero chiedere a Facebook di non offrire più di una certa cifra alle aste. I costi per azione sono contenuti e controllati dall'utente, ma il rischio è quello che si abbassi la copertura dell'annuncio. **L'opzione costo più basso è la migliore** poiché si imposta un budget giornaliero e Facebook gestisce le offerte. Questo dà la possibilità di fare offerte più elevate per gli utenti che hanno maggiori probabilità di interagire con l'inserzione.

- **il tasso di azione stimato**, ovvero l'ipotesi di Facebook sulla probabilità che l'annuncio raggiunga gli obiettivi prestabiliti, i quali possono essere i like sul post, sulla pagina o i clic sul pulsante dell'inserzione. Per creare una stima, Facebook si basa su alcuni elementi: il rendimento dell'annuncio nel tempo, quindi quanto è coinvolgente, quante conversioni genera, la qualità della campagna, l'account dell'inserzionista, i feedback degli utenti nei confronti dell'annuncio che possono essere positivi, come nel caso di un like, o negativi, se qualcuno dovesse nasconderlo. Quest'ultimo aspetto è molto importante da considerare: scegliere un pubblico che trova rilevante un annuncio è fondamentale per evitare feedback negativi e posizionarsi al meglio. Anche interagire con i commenti sotto al post è importante perché segnala a Facebook che l'inserzionista è in linea con il suo pubblico.

- infine, il punteggio di Facebook si basa anche sul **valore dell'utente**. Questo termine indica le azioni che l'utente compie dopo aver dimostrato interesse per l'annuncio. Ciò significa che Facebook analizza il tempo di permanenza di una persona sulla pagina dell'inserzionista, quante volte fa clic su "indietro", se chiude il sito non appena lo ha aperto, se avviene una conversione o un'esplorazione di altri contenuti inerenti all'azienda o all'annuncio. Da questo emerge quanto sia importante mantenere alta l'attenzione di un utente anche una volta che ha deciso di cliccare sull'annuncio. Più a lungo resta nel link che ha aperto e più l'annuncio ha possibilità di salire di ranking. La destinazione dell'utente deve essere una pagina coinvolgente, ricca di contenuti interessanti e coerente con l'annuncio.

Questo discorso, va concluso con una postilla. **La copertura di un annuncio non è influenzata solo dall'algoritmo di Facebook**, ma anche da altri fattori, come l'andamento delle statistiche del social network: se cala il numero di utenti, le visite, oppure varia il target che usa il social (negli ultimi anni l'età media degli iscritti a Facebook è aumentata, anche grazie all'uso maggiore di altri social da parte dei più giovani) o il numero di aziende che investono in pubblicità su Facebook, allora bisogna aspettarsi una variazione della copertura del proprio annuncio. É per questo che chi utilizza Facebook Ads deve sempre aggiornarsi sull'andamento del mercato delle inserzioni e sulle variazioni del funzionamento del social.

Creazione della campagna

Abbiamo visto i tipi di annunci che si possono generare su Facebook e come vengono valutati dall'algoritmo. In questo capitolo vedremo **come si crea un gruppo di inserzioni, o una campagna, dal punto di vista tecnico**. Dovrebbe essere sottinteso, ma è sempre meglio specificare: per creare una campagna su Facebook è necessario essere in possesso di un **account pubblicitario (una pagina)**. Una volta creato uno, bisogna aggiungervi tutte le informazioni (nome dell'azienda, informazioni di contatto, luogo dove opera, una breve biografia e molto altro. Questo aiuta molto anche l'algoritmo di Facebook a posizionare meglio le inserzioni provenienti dalla pagina, alzandone il punteggio) affinché diventi uno spazio professionale su Facebook e impostare il metodo di pagamento della pubblicità. Fatto questo, l'inserzionista è pronto per creare la sua campagna.

Creazione di un'inserzione passo per passo

Le inserzioni possono essere generate

direttamente dalla pagina aziendale o attraverso uno strumento molto utile che permette di visionare tutte le campagne generate: **Facebook Ads Manager**.

Il funzionamento e le modalità per impostare un'inserzione sono molto simili, anche se Facebook Ads Manager è più completo: il primo passo è, nel caso della creazione dalla pagina, andare sul **centro inserzioni**, dove vengono visualizzati gli ultimi annunci, i risultati, le impostazioni su pubblico, i pagamenti e anche l'assistenza di esperti marketing. C'è poi un pulsante: **crea inserzione**. Si passa quindi a scegliere l'obiettivo, come ottenere più clic sul link, ricevere più messaggi o semplicemente mettere in evidenza il post. Facebook aggiunge la dicitura "consigliato" per aiutare anche i più inesperti a generare la propria creative (ovvero il design e il contenuto dell'annuncio). Si può anche scegliere di creare delle **inserzioni automatizzate**. Attraverso questa opzione, Facebook raccoglie delle informazioni da impostare manualmente riguardo la pagina e gli obiettivi e genera automaticamente le campagne. Ne prova diverse e sceglie la migliore, mostrando i risultati all'inserzionista, consigliando il budget adatto agli obiettivi, sul pubblico e inviando notifiche tempestive sui risultati.

Una volta scelto l'obiettivo, si passa alle altre impostazioni dell'inserzione: il copy da mostrare, il contenuto multimediale, la scelta del pubblico, la durata dell'inserzione, il budget giornaliero e il metodo di pagamento. Facebook mostra in tempo reale la stima delle persone che verranno raggiunte e il numero di azioni portate a termine. Una volta pronta l'inserzione, basta cliccare su "pubblica" e attendere che l'annuncio venga approvato da Facebook.

Per quanto riguarda **Facebook Ads Manager**, il menu funziona in modo simile: vi è una barra di impostazioni, una tabella che riporta tutte le inserzioni pubblicate con i relativi risultati e il pulsante **crea**. Ciò che l'inserzionista deve selezionare si divide in più passaggi:

- **scelta degli obiettivi**. L'inserzionista potrebbe desiderare di mostrare l'annuncio solo a chi potrebbe essere interessato o a un gruppo più ampio, voler aumentare il traffico o l'interazione, convertire gli utenti o vendere un prodotto. In base a queste, ed altre, macro categorie di goals, Facebook richiederà più precisione attraverso richieste più dettagliate. Se, per esempio, l'inserzionista vuole aumentare il traffico, Facebook vuole sapere se concentrarsi sulla crescita dei like o dei commenti. Se, invece, desidera vendere dei prodotti, il social network chiede il caricamento di un catalogo...;

- scelti gli obiettivi, si passa alla **realizzazione della campagna** o anche della singola inserzione, basta cliccare la propria scelta in alto. Alla campagna va assegnato un nome, per comodità e organizzare bene il piano marketing;
- si può optare per la generazione di uno **split test**, che consente di eseguire esperimenti e raccogliere dati sulla creative e pubblicare quella con le prestazioni migliori;

- la finestra successiva permette di impostare il **budget** e il **pubblico**, due aspetti fondamentali per l'algoritmo di Facebook.

  Il **pubblico** va personalizzato in base a età, sesso, provenienza, interessi, comportamenti e lingua. Facebook, per ogni scelta, indica in tempo reale quante persone vengono raggiunte e il livello di efficacia dell'annuncio. Nel prossimo capitolo verrà approfondita la modalità di selezione del pubblico più efficace per raggiungere il target di riferimento.

  Mano a mano che si generano pubblici diversi, questi si possono salvare e riutilizzare nelle campagne successive.

  Anche il discorso del budget, molto importante, verrà approfondito più avanti.

  In questa sede è possibile anche scegliere la durata dell'annuncio, impostando le date di inizio e di fine.

- Si passa poi a scegliere il **posizionamento** ideale, ovvero in che posizione del social network comparirà l'annuncio. Si può scegliere di lasciare a Facebook la decisione automatica del posizionamento o di impostarlo manualmente. La campagna può dunque apparire: nel feed, nella colonna di destra, sul Marketplace, nelle stories, nei video in-stream e negli articoli istantanei. Non solo: può comparire anche su Instagram o su Messenger.
- L'ultimo passaggio prevede l'**identity** della campagna, ovvero come gli utenti la vedranno sul social. Si può scegliere tra i modelli di cui abbiamo parlato nel primo capitolo in base alle proprie esigenze.

Una volta cliccato su continua, il social network analizza la campagna e, se la ritiene a norma del regolamento di Facebook, la accetta e la pubblica.

Creazione di un'inserzione dal punto di vista tecnico

Ragionare bene su tutti i passaggi da effettuare quando si crea una campagna è fondamentale:

- quando si **genera la creative**, bisogna mettersi nei panni di un iscritto a Facebook che trascorre del tempo libero sul social network. Ciò che l'utente vede per prima mentre scorre distrattamente il feed è un'immagine. L'inserzionista ne deve sceglierе una che sappia attirare l'attenzione. **Si pensa che il contenuto multimediale sia responsabile tra il 75% e il 90% della buona riuscita dell'annuncio**. Facebook dà la possibilità di scegliere delle immagini da una banca (Shutterstock), ma bisogna tenere a mente che in molti utenti le usano e potrebbe capitare di sceglierne una identica a quella di un altro annuncio. Inutile dire che questo non è professionale e può irritare l'utente. È bene investire denaro ed energie nella creazione di immagini di alta qualità e con pochissima, ma utile, grafica che esprima la *value proposition* in modo chiaro e visibile. In tal caso, potrebbe essere necessario utilizzare il **controllo del testo dell'immagine di Facebook** per valutarne l'efficacia (il testo dovrebbe occupare meno del 20% della foto). Un altro aspetto da considerare, sono le dimensioni e l'orientamento dell'immagine, nel caso la si guardi da un dispositivo mobile.

- Egli, poi, passa alla parte **testuale**, ma solo se è davvero incuriosito. Il titolo deve essere breve e chiaro, il testo deve informare e intrattenere il pubblico, ma anche spingerlo a visitare il link, commentare, condividere o agire nel modo in cui vorrebbe l'inserzionista. Ecco qualche numero per comodità: il titolo non deve superare i 25 caratteri, mentre il copy 90, così come la link description. Il linguaggio dovrebbe essere amichevole e diretto, ma è bene tenere conto anche del target di riferimento e del suo registro linguistico. Già nel copy si può invitare a un'azione:

ecco perché la scelta di verbi imperativi che invitano ad agire coniugati alla seconda persona singolare può rivelarsi efficace per le conversioni;

- Il formato è fondamentale per mettere in risalto il contenuto multimediale e far capire all'utente le finalità della campagna. La scelta del **formato** potrebbe determinare il successo della creative dell'inserzionista come abbassare l'efficacia dell'annuncio se usato in modo errato. Facebook permette di testare automaticamente fino a sei annunci in diversi formati per verificare quale opzione sia la più performante. Soprattutto all'inizio, quando non si ha dimestichezza con Facebook Ads, è bene utilizzare questo strumento per avvicinarsi il più possibile agli obiettivi;
- Facebook permette di scegliere tra diversi efficaci **pulsanti** per invitare l'utente all'azione. Ovviamente il bottone dell'annuncio deve rispecchiare la proposta di ciò che l'utente sta guardando: se si tratta di un'inserzione

con dei prodotti, è utile scegliere "Acquista Ora", mentre, se l'obiettivo del post è quello di far conoscere una nuova azienda, "Scopri di più" potrebbe rivelarsi un ottimo veicolo per invitare l'utente a visitare il sito;

- **l'obiettivo** è importante, perché Facebook, in base a esso, determina il tipo di ads più adatto, le opzioni di offerta e il modo in cui ottimizza la campagna;
- la scelta del **pubblico** dipende dagli obiettivi e verrà affrontata nello specifico nel prossimo capitolo. Anticipiamo, però, una verità che dovrebbe farti comprendere l'importanza della scelta del giusto targeting: gli annunci su Facebook sono creati per raggiungere visitatori e trasformarli in clienti. Hanno un costo ed è fondamentale che ogni singolo centesimo sia utile per raggiungere qualcuno davvero interessato all'offerta, altrimenti si tratta solo di uno spreco di soldi e di una svalutazione da parte dell'algoritmo di Facebook;

- l'impostazione del **budget** è molto importante. Si può scegliere di impostare un **budget giornaliero**, in modo che Facebook non spenda più di quella cifra ogni giorno per mostrare l'annuncio. Se l'inserzionista imposta un budget di 5 euro al giorno, però, non è detto che resti costante per tutto il periodo di attivazione dell'inserzione: se Facebook individua opportunità ad alto potenziale, potrebbe spendere fino al 25% in più del budget giornaliero e ridurre la spesa nei giorni a basso potenziale. Si può, invece, selezionare un **lifetime budget**, ovvero ciò che si è disposti a spendere per una campagna nella sua totalità. È il social network a dividere in modo più o meno equo la cifra per i giorni di durata della campagna;
- al momento della generazione dell'annuncio, viene richiesto il valore dell'**offerta** con cui si accede all'asta per il miglior posizionamento. Si può scegliere tra l'**offerta automatica** e quella **manuale** in base a quanto si è

disposti a pagare. Facebook offre suggerimenti sul valore da inserire. Facebook farà pagare solo l'importo più basso possibile per vincere l'offerta e visualizzare l'annuncio. Un'offerta troppo bassa, potrebbe limitare la copertura della campagna e non raggiungerà gli obiettivi.

Scegliendo un importo elevato, si paga l'importo più basso possibile nell'asta per ottenere la pubblicazione dell'annuncio. Abbiamo già introdotto il discorso delle offerte su Facebook, ma in questa sede vediamo il tipo e i vantaggi che porta:

- **offerta CPM:** importo massimo che si desidera pagare per 1.000 impressioni. Questo metodo non è adatto a chi ha specifici obiettivi, ma più che altro per chi vuole aumentare l'awareness del marchio;
- **offerta CPC**: si paga solo quando qualcuno clicca

sull'annuncio. Questo metodo non è conveniente in casi di annunci con un punteggio di pertinenza basso, poiché non è conveniente per Facebook pubblicizzare un'inserzione che potrebbe non ottenere click e, quindi, soldi;

- **offerta sulle conversioni**: con questo metodo, Facebook mostrerà l'annuncio solo agli utenti più potenzialmente propensi a compiere un'azione;

Creare annunci che convertano: lavorare sull'ottimizzazione

Abbiamo visto i vari passaggi per **creare una campagna su Facebook**. Non è difficile, anzi, il social network pensa a molti passaggi per rendere l'esperienza dell'inserzionista il più agevole possibile.

Ciò che rende Facebook Ads un territorio insidioso per molti imprenditori e social media manager è, però, l'**aumento della percentuale dei clic sull'annuncio**. Un utente potrebbe incrociare l'inserzione anche più di una volta, ma come essere sicuri che non si limiterà a leggere e a guardare un'immagine? Figuriamoci, poi, convincerlo a comprare, a lasciare una recensione o a compiere qualsiasi altra azione che richieda uno sforzo ulteriore. Spingere un utente a fare qualcosa è possibile solo attraverso un contenuto irresistibile, tradotto, attraverso l'**ottimizzazione della pagina di destinazione**.

Perché le **conversioni** sono così importanti per i professionisti del marketing? Perché è la garanzia di ritorno sugli investimenti.

In questo capitolo, vedremo come **impostare la campagna in modo che raggiunga il pubblico, lo convinca ad agire e anche come rendere la landing page suggerita dall'annuncio ottimizzata**.

Come fare il giusto targeting dell'audience

Abbiamo concluso il capitolo precedente anticipando la scelta del pubblico di riferimento promettendo un approfondimento in questa sede. Dedicare uno spazio maggiore all'argomento è necessario, poiché **gli annunci vengono creati per essere visti da utenti**. Sono generati per invitarli a fare qualcosa ed è per questo che è fondamentale che essi raggiungano il pubblico ideale, che provi reale interesse per l'offerta.

Il pubblico è ancora più importante del budget, quindi è bene investire più tempo nel ragionare su questo passaggio. Un approccio mentale importante che bisogna adottare è quello di non immaginare gli utenti di Facebook come una massa indistinta di persone presenti nello stesso luogo: si tratta di **esseri umani** che interagiscono con altri attraverso dispositivi e ognuno di loro ha specifici interessi, sensibilità e abitudini.

Il primo passo per costruire un pubblico di riferimento è quello di inserire i dati demografici: età, sesso, provenienza. Questo passaggio aiuta già a filtrare un abbondante numero di utenti non interessati all'annuncio.

Il segreto più efficace per trasformare gli utenti in clienti è il **targeting basato sugli interessi** del pubblico. Quando si genera una campagna, nel menu riguardante la scelta del pubblico, vi è una piccola barra con scritto *Precise Interests*. Qui, l'inserzionista deve inserire tutti gli interessi relativi alla sua azienda, prodotto o servizio che sta promuovendo. Ad esempio, se un imprenditore vuole vendere dei romanzi rosa, allora dovrà inserire il tag "romanzi rosa", "storie d'amore", "ebook", "letteratura italiana" se si trova in Italia, ma anche tag relativi ad aziende grandi che si occupano di romanzi rosa, così da attirare anche il loro numeroso pubblico verso l'annuncio, come "Harmony", per esempio.

Anche in questo passaggio, Facebook aiuta l'inserzionista: infatti, mentre egli sceglie gli interessi inerenti al proprio prodotto, il social network gliene propone altri tra i **suggerimenti**, rendendo la targetizzazione più efficace e facendo risparmiare tempo. Per Facebook, inoltre, interesse non vuol dire solo "qualcosa che piace o attira l'attenzione", ma anche gruppi a cui l'utente appartiene (organizzazioni no-profit, movimenti, culture...). Tra i suggerimenti, infatti, non si trovano solo hobbies, ma anche luoghi visitati, eventi, gruppi, pagine a cui il pubblico di riferimento può aver lasciato un like ecc.

La scelta del pubblico in base agli interessi è il modo migliore per *passare al setaccio* gli utenti ed **eliminare dalle visualizzazioni quelli meno interessati all'annuncio**. Se un'azienda vende scarpe col tacco alto, è inutile puntare l'attenzione dell'inserzione sugli uomini. Inserire nel pubblico di riferimento qualcuno non interessato all'annuncio vuol dire collezionare più feedback negativi, posizionarsi peggio e sprecare soldi per mostrare qualcosa di inefficiente.

Immaginiamo che l'inserzionista abbia portato a termine il filtraggio del pubblico in base ai dati demografici e agli interessi. Il suo target potrebbe essere ancora troppo ampio e variegato. **Bisogna essere più precisi**: perché non impostare anche la condizione economica? Se un inserzionista vende penne di lusso, non sarà una persona con un reddito basso a desiderarne una. Un manager, un uomo d'affari, insomma, una figura professionale di spicco potrebbe, invece, essere interessato all'annuncio di un prodotto del genere. Il modo migliore per fare questo è capire quali siano le caratteristiche che accomunano degli uomini facoltosi: quanti anni anno? Di solito sono adulti over 40; da dove provengono? Solitamente da grosse città; hanno un titolo di studio? Sovente, sì.

Questo passaggio non deve avvenire per forza con prodotti di nicchia, come le penne lussuose. Immaginiamo un prodotto dedicato a più fasce della popolazione: un'auto utilitaria. Certo, è utile per chi vive in città, ma perché non usarla anche in piccoli paesi dove le strade sono strette? Alcune utilitarie sono più indirizzate a donne, ma un uomo potrebbe cercare un'auto piccola e pratica. Una macchina con un motore piccolo potrebbe servire anche a un neopatentato. L'ideale, in questo caso, è **segmentare il pubblico** in sottogruppi e dedicare a ognuno un annuncio diverso: in questo modo, si aumenta la copertura e ogni target di riferimento avrà un'inserzione studiata apposta per lui, con più possibilità di conversione.

Facebook dà anche l'opportunità di **escludere degli interessi**. Ad esempio, se un inserzionista vuole promuovere un prodotto per il nuoto indoor, potrebbe escludere tutti quegli interessi legati agli sport acquatici in mare.

A questo punto, il pubblico è davvero ristretto. Include quelle persone che, con tutta probabilità, porteranno a termine un'azione sul sito dell'inserzionista, che sia un acquisto, l'iscrizione alla newsletter ecc.

Il pubblico si può restringere anche con le opzioni di targeting AND/OR. Con **targeting OR** il pubblico aumenta ogni volta che l'inserzionista aggiunge nuove opzioni nella stessa categoria di targeting. Per **targeting AND** si intende un'opzione che individua persone che rientrano in più categorie. Queste due scelte contribuiranno a ridurre le dimensioni del pubblico e a creare una nicchia di utenti.

Questi sono i passaggi fondamentali per chi comincia. Esiste poi uno strumento che serve per attirare il pubblico che ha già interagito con il sito dell'inserzionista o la sua pagina su Facebook. Senza aumentare il budget, infatti, grazie al **retargeting** si possono aumentare le conversioni. Consiste semplicemente nel ricordare all'utente ciò che ha già visto e invitarlo a considerare l'acquisto: succede quando egli ha messo qualcosa nel carrello, ma poi lo ha abbandonato, se ha visualizzato un prodotto simile o complementare sullo stesso sito, se si è iscritto alla newsletter o molto altro. Questo passaggio avviene cliccando su "Create a Custom Audience" e scegliendo uno dei quattro modi per segmentare il pubblico: individuare tutti gli iscritti a una newsletter, chi ha visitato il sito aziendale, interagito con l'app o con i contenuti dell'inserzionista su Facebook.

Il social network, permette anche di selezionare dei **pubblici simili**. Si tratta di utenti simili a quelli che interagiscono di solito con i contenuti dell'azienda e che potrebbero essere interessati ai prossimi annunci. Una volta creato il pubblico di riferimento, l'inserzionista può scegliere l'opzione "Pubblico Simile" e segnare una percentuale che indichi il numero di utenti che Facebook può raggiungere ulteriormente. Ciò aumenta la copertura dell'annuncio, coinvolgendo persone potenzialmente interessate all'annuncio.

Ottimizzazione degli annunci

Nel modulo budget e pianificazione, si trova la dicitura "**ottimizzazione per la pubblicazione**

degli annunci". Attraverso la scelta eseguibile tramite questa funzione, l'inserzionista sta dicendo esplicitamente a Facebook quale sia l'obiettivo della campagna e il social network la ottimizzerà di conseguenza. Ciò non influenza solo i gruppi di persone che vedranno l'annuncio, ma anche il **costo** dello stesso. Se si sta ottimizzando per ottenere più clic sul link, si pagherà per ogni clic. Non solo: ottimizzare per ottenere obiettivi diversi, può influire su chi vedrà l'annuncio e le azioni che compiranno. Questo, a sua volta, **influenza il punteggio di pertinenza e il tasso d'azione** che portano anche i costi a variare. Questo è un dato da tenere a mente, soprattutto quando non si hanno molti fondi a disposizione da investire in Facebook Ads.

Oltre a questa automazione messa a disposizione di Facebook, esistono dei trucchi "manuali" per lanciare annunci ottimizzati. Ad esempio, come varrà anche per la landing page, per convincere l'utente a fare qualcosa, serve un **lead magnet,** ovvero un regalo, uno stimolo, che lo porti a fornire i suoi dati, ad acquistare o a completare qualsiasi missione desiderata dall'inserzionista. Questo è come offrire una proposta di valore: un consulente marketing che vuole vendere dei libri sull'argomento non deve solo presentarli, ma anche magari offrire la lettura di un'anteprima o offrire un libro gratuitamente, con ciò, l'inserzionista acquisisce anche credibilità.

Tutti gli annunci, per essere ottimizzati, devono avere un **obiettivo preciso** tra quelli elencati negli scorsi paragrafi. In generale, l'inserzionista deve sapere se vuole solo presentarsi al pubblico, creando consapevolezza della sua esistenza, farsi considerare o convertire l'audience. Durante la creazione degli annunci, è Facebook stesso a fornire una finestra con tutti gli obiettivi e a suggerire modelli di inserzione validi per raggiungerli.

Come già detto, la scelta del pubblico, il più specifico possibile, è fondamentale. Di questo, però, ne abbiamo già parlato. Tieni conto, però, di un particolare: un pubblico troppo ristretto compromette l'ottimizzazione dell'annuncio. Bisogna quindi scegliere un pubblico specifico, ma senza sottovalutare le possibilità che Facebook offre per ampliarlo, come la scelta del pubblico smart o dei pubblici simili o dei suggerimenti.

Passiamo ai modi più efficaci per ottimizzare un annuncio su Facebook.

Facebook Business Manager è uno strumento per la gestione di tutti gli strumenti di Facebook per il business. È possibile aggiungere più account pubblicitari e pagine, e monitorarne il rendimento degli annunci.

Un'altra strategia è quella di installare il **pixel** di Facebook, discorso che approfondiremo in un capitolo a parte. Il pixel di Facebook è un pezzo di codice che si incorpora nel sito web e consente di monitorare i visitatori. Il pixel di Facebook raccoglie i dati degli utenti per avere una migliore comprensione dei loro comportamenti. Ciò consente di creare segmenti di pubblico personalizzati e ottimizzare la pubblicazione degli annunci. Più avanti, vedremo nel dettaglio come si installa e gestisce un pixel di Facebook.

Gli annunci vanno testati. Facebook, grazie al suo **split testing**, è in grado di creare più versioni dello stesso annuncio e decreta in tempo reale quale sia quella più efficiente. Di solito, i test vengono pubblicati per un paio di settimane e, al termine dell'esperimento, si saprà quale ha funzionato meglio. Ciò è utile quando si è alle prime campagne e non si vogliono sprecare soldi per annunci che non otterranno i risultati sperati.

Ottimizzare la pagina in cui vanno gli utenti dopo che cliccano l'ad

La destinazione dove porta il link dell'annuncio è detta **landing page** e deve essere come una calamita per l'utente. Innanzitutto, è bene che mantenga le promesse anticipate nell'inserzione e anche una continuità nello stile, colori e linguaggio. In secondo luogo, dovrebbe offrire qualcosa (un magnete, o lead magnet) all'utente, come un'offerta, un ebook gratuito... Di solito, infatti, il visitatore non è interessato a compiere un'azione se non una semplice visita. Se l'obiettivo dell'inserzionista è un altro, come raccogliere dati, vendere un prodotto, allora deve escogitare una **strategia creativa e coinvolgente per suscitare un'azione**. Creatività sì, ma anche chiarezza, semplicità e trasparenza.

A cosa serve un regalo in cambio di un'azione? Immagina di cliccare su un annuncio e di arrivare in una pagina interessante che vende un prodotto. A meno che questo non sia già una necessità dell'utente, è difficile che passi all'acquisto. Le conversioni, alla prima visita del sito web, non avvengono. Serve un forte **magnete** in grado di spingere l'utente a compilare un form, firmare una petizione o mettere mano al portafoglio. Un magnete che sia in grado di persuadere il visitatore e trasformarlo in una persona interessata all'azienda e ai suoi prodotti o già a un cliente.

Offrire un contenuto di valore in cambio di un'azione è una strategia per attirare nuovi visitatori. Quando, invece, il sito è già stato visitato e il contenuto scaricato, bisogna pensare all'**ottimizzazione della pagina di destinazione**, in modo che si riveli un ottimo mezzo di conversione. Serve scegliere una grafica dai colori attraenti, testi coinvolgenti, chiari e **pulsanti** ben visibili per invitare all'azione. È bene che l'utente non venga confuso dalla presenza di più inviti all'azione tutti vicini: bisognerebbe sceglierne uno, massimo due, e collocarli in punti diversi nella pagina, affiancati da un testo coerente e persuasivo.

Ottimizzare una landing page ad alta conversione vuol dire anche cogliere le opportunità di **comparire meglio nei motori di ricerca**. Gli elementi fondamentali sono il titolo, una call to action chiara e spiegata da un breve testo persuasivo, delle immagini che colgano l'attenzione e, se necessario, un magnete ben visibile. Ognuno di questi elementi deve essere diverso dall'altro in modo da creare una gerarchia visiva che guidi l'attenzione dell'utente fino all'obiettivo. È bene che non vi siano elementi inutili che potrebbero distrarre l'utente.

Questi sono gli elementi di base che ogni utente è abituato a trovare su una landing page.

Vediamo insieme qualche esempio di tentativo originale di distinguere la propria pagina di destinazione dalle più classiche:

- mostrare il logo delle aziende con cui si ha già lavorato, se lo si ha fatto, aiuta ad aumentare la credibilità, anche quando si sta proponendo un sito o una pagina nuova;
- mostrare i feedback dei clienti, ovvero l'impatto che un prodotto ha avuto sui consumatori;
- non utilizzare le immagini di stock, perché l'utente potrebbe già averle viste altrove e ciò non aiuta ad acquisire professionalità. È bene utilizzare foto di alta qualità, personali e coinvolgenti;
- rendere l'obiettivo chiaro e unico. Se con più annunci si cercano risultati diversi, bisogna creare landing page per ogni obiettivo. Inserirne più di uno in una stessa pagina non fa altro che aumentare la confusione e spingere l'utente all'abbandono. Una volta chiarita l'azione da compiere sulla landing page,

bisogna monitorare le conversioni e aggiustare ciò che non va;

- eliminare i tasti di navigazione per tenere l'utente fermo sulla pagina;
- usare frecce e indicatori per sottolineare l'azione da compiere;
- indicare chiaramente cosa l'utente farà cliccando su un pulsante. Evitare quindi le solite scritte "sottoscrivi", "invia" e "scopri di più". È anche meglio non esagerare con la creatività, perché si potrebbe compromettere la chiarezza. L'ideale è quello di essere originali, ma senza complicare la comprensione del pulsante;
- impostare il monitoraggio delle conversioni attraverso l'installazione di un pixel, di cui parleremo più approfonditamente nei prossimi capitoli;

Consigli

1. **Sperimentare con il targeting**: bisogna essere in grado di visualizzare il proprio utente ideale, anche se non è qualcosa che accade subito. Per questo, è

necessario cominciare con un pubblico molto ristretto, ampliarlo di volta in volta e capire perché l'annuncio ha successo o no. In questo, **Facebook Ads Insights** è uno strumento molto utile: il social network, infatti, è in grado di analizzare il pubblico che ha interagito con la pagina aziendale o quello personalizzato dall'inserzionista e verificare se sia in linea con la proposta degli annunci.

2. **Avere chiara l'azione che l'annuncio deve suscitare**: potrebbe sembrare sottinteso, ma non è così. Facebook dà molte possibilità di personalizzazione degli obiettivi: l'importante è comprendere dove si inseriscano questi obiettivi nel percorso del consumatore e concentrarsi sulle landing page legati a questi. Questo vale per l'annuncio in sé quanto per la landing page che deve essere coerente. L'azione deve essere ben visibile all'utente e deve fargli comprendere cosa accade dopo il clic.
3. **Non sottovalutare la qualità dell'annuncio su mobile** e monitorare

le performance anche su questi dispositivi.

4. **Utilizzare il targeting expansion**: grazie all'espansione del targeting, Facebook è in grado di trovare più utenti simili a quelli specificati nell'annuncio. Questo consente di raggiungere più persone e genera conversioni a un costo inferiore.
5. **Ottimizzare la consegna degli annunci**: quando si crea un annuncio, è possibile scegliere tra la pubblicazione standard e quella accelerata (sotto la voce "Delivery Type). La consegna accelerata spinge Facebook a spendere l'intero budget più rapidamente, in base all'offerta. Ciò significa che il budget potrebbe essere speso tutto prima della fine della campagna. Quindi, gli annunci verranno mostrati più in fretta, ma con rallentamenti gli ultimi giorni e costi più elevati. Per le campagne normali questa strategia è sconsigliata, ma per le offerte a tempo si può rivelare vincente.
6. Considerare l'idea di **mostrare la campagna in determinati momenti**

della giornata, in modo che gli utenti non si stanchino di vedere l'annuncio e per non spendere soldi durante ore poco performanti, come la notte. Basta impostare questa opzione sulla finestra "Ad Scheduling". Non solo: mostrare sempre lo stesso annuncio potrebbe creare affaticamento. È bene quindi crearne due o tre diversi esteticamente, metterne in pausa uno e proporne un altro e alternarli. In questo caso, spesso, l'efficacia si ottiene anche solo cambiando l'immagine.

7. **Osservare cosa funziona e cosa no**: nel prossimo capitolo approfondiremo il discorso dei report e della lettura degli Insights. Provare dettagli nuovi nei propri annunci e testarne l'efficacia è un ottimo modo per raggiungere la forma e il contenuto dell'annuncio più performante. Inoltre, le opportunità che il social network concede per personalizzare le inserzioni variano spesso ed è giusto sperimentare.

Lettura report e ottimizzazione

Facebook permette di **leggere l'andamento della campagna** direttamente dalla dashboard del centro inserzioni o di Facebook Ads Manager. È possibile analizzare il report della campagna, del set di annunci o di una singola inserzione, ma solo dopo l'approvazione e la pubblicazione degli stessi.

Per prima cosa, Facebook mostra la data di pubblicazione e di fine dell'annuncio, il numero di azioni eseguite nella campagna o sulla singola inserzione, quante persone hanno visualizzato, quanto vale ogni clic. Selezionando ogni singolo annuncio è possibile **approfondire il report** leggendone anche i grafici e altri dati.

Negli Insights sono contenuti i risultati di alcune metriche: costo per clic, costo per conversione, impressions. Facebook dà la possibilità di personalizzare le tabelle dei report, permettendo all'utente di scegliere quali risultati mostrare per primi.

Ecco un elenco dei dati più importanti da tenere in considerazione quando si legge il report di una campagna/annuncio Facebook Ads:

- **Performance**: ovvero quante persone la campagna ha raggiunto, con quale frequenza essa sia comparsa allo stesso utente, quanto costa ogni singolo click sul link, che tipo di pubblico è stato raggiunto, quanti feedback positivi o negativi ci sono stati, quali posizionamenti hanno generato più conversioni, in che paesi di destinazione si ottengono i migliori risultati, a che ora del giorno aumentano le conversioni;
- **Engagement**: coinvolgimento del post, quindi quanti commenti sono stati scritti, quante persone hanno messo like, condiviso, menzionato amici o visitato la pagina aziendale. È importantissimo capire come le persone interagiscono con il contenuto: il tempo medio sulla pagina e le visualizzazioni aiutano a capire se il contenuto è in linea con la promessa dell'annuncio social;

- **Clicks**: quante volte è stato cliccato il link, il CTR, ricordo il rapporto tra numero di clic e impressions, clic unici, ovvero un numero che indica quante persone hanno cliccato sul link una volta. Monitorare il rapporto tra gli utenti che hanno visto l'annuncio e il numero di clic per ogni persona è utile se si paga per ottenere clic. La metrica più importante è il CTR. Più è alto questo numero e più migliorano i punteggi di qualità. Migliore è il rendimento dell'annuncio, minore è il costo;
- **Messaging**: ovvero tutto ciò che riguarda l'uso della messaggistica per contattare l'inserzionista;
- **Media**: di solito indica il tempo dedicato a un video da parte di un utente. Si calcola in tempo medio di visualizzazione del video, visualizzazioni sotto i 3 secondi, 10 secondi ecc;
- **Conversioni**: innanzitutto, in questa sede è possibile scoprire quanto costa ogni conversione. Poi, mostra in quante

persone hanno acquistato o si sono iscritte dopo aver visto l'annuncio, quante hanno effettuato ricerche simili e quante hanno esplorato il sito web. Misurando le conversioni sull'annuncio, si comprende il ROI, ovvero il ritorno sugli investimenti.

- **Apps**: questo vale per gli annunci che vogliono spingere l'installazione di app. Serve a misurare quanti abbiano effettuato un download, quanti abbiano aggiunto l'applicazione al carrello senza comprarla ecc.;
- **On-Facebook**: questa sezione analizza il rendimento dei lead Ads, ovvero quelli che permettono di portare a termine un'azione senza chiudere l'app di Facebook;
- **Offline**: questa sezione offre una stima di ciò che avverrà offline dopo che l'utente ha visto l'annuncio, in base alle sue azioni online.

È possibile tenere d'occhio il tipo di pubblico che si sta raggiungendo e quali siano le loro abitudini: quanti anni hanno? A che genere appartengono? Dove vivono? Che dispositivo usano? In che momento della giornata è avvenuta la conversione? E molto altro.

Leggere l'andamento di un annuncio o di una campagna significa **capire se la strategia elaborata stia funzionando** e permette di aggiustarla, aumentando il budget, allungando la durata, avviando nuove campagne. Facebook, addirittura, dà la possibilità di salvare le metriche che interessano all'inserzionista e di far inviare dal social network un report a cadenza costante.

È importante soprattutto comprendere da dove sia generato il traffico per rendersi conto se provenga effettivamente da Facebook e da un certo annuncio. **Monitorare le fonti di traffico** è necessario per capire quali inserzioni funzionino davvero. Il modo migliore per fare questo è utilizzare **parametri UTM**, che servono a suddividere con estrema precisione l'origine del traffico, così da sapere da dove provengono realmente gli utenti che visitano il sito e che effettuano le conversioni. Un altro mezzo è **Google Analytics**. Questo strumento offre la possibilità di vedere l'intero percorso che porta gli utenti alle conversioni e aiuta ad aumentare il ROI. Monitorare il percorso della conversione serve a comprendere ciò che gli utenti cercano. Google Analytics fornisce dati anche sui visitatori che agiscono al di fuori di Facebook, quindi si concentra su un pubblico molto più ampio. Per monitorare il traffico degli annunci di Facebook su Google Analytics bisogna creare un collegamento: è l'URL builder di Google a generare un link di tracciamento, inserendo l'indirizzo del sito web, la sorgente di Facebook, gli annunci e i loro nomi.

Google Analytics è davvero uno strumento completo per poter analizzare approfonditamente le campagne. **Permette di monitorare gli obiettivi, ma anche personalizzare i modelli di attribuzione**, ovvero comprendere quali siano i punti di contatto che hanno generato delle vendite.

Molti utenti interagiscono con i contenuti attraverso un dispositivo mobile. È importante sapere quali annunci social performano meglio da Smartphone e Tablet.

Interpretare i dati di un report

Innanzitutto, bisogna **tenere a mente quale fosse l'obiettivo** iniziale della campagna. Se l'inserzionista ha inserito come goal quello dell'aumento del traffico sul proprio sito, allora vorrebbe rilevare segnali che indichino l'esplorazione degli utenti sul suo sito web. Il **costo per clic** è ciò che l'inserzionista dovrà osservare: quanto è costato ognuno? Più basso è il prezzo e più si sono verificate visite al sito, quindi l'obiettivo è stato raggiunto. Nella realtà, poi, le visite possono tradursi anche con maggiore interazione con i contenuti del sito, condivisioni, vendite, prenotazioni di servizi ecc.

Immaginiamo, invece, che l'obiettivo fossero le conversioni. L'inserzionista dovrà osservare il **costo per conversione**. Più è alto e meno ha funzionato la campagna: vuol dire che, nonostante i soldi spesi, comunque gli utenti non sono stati invogliati ad aprire il link o l'annuncio. Peggio ancora, se hanno scelto di nasconderlo dal feed.

Se l'obiettivo era quello di creare Lead, quindi raccogliere contatti, bisogna osservare **quanto sia costato ogni contatto raccolto**. Anche in questo caso, un prezzo alto significa pochi lead e, quindi, una campagna non in grado di stimolare l'azione degli utenti.

Anche la **frequenza** deve essere tenuta sott'occhio: se l'utente vede molte volte l'annuncio potrebbe avvenire il cosiddetto *affaticamento,* ovvero l'assuefazione alla stessa pubblicità e, inoltre, più visualizzazioni significano anche meno clic e aumento dei costi.

I due parametri vitali per una campagna di Facebook sono **i costi e i comportamenti degli utenti**: questi devono essere coinvolti e spronati a fare qualcosa, a fronte di spese ridotte. Tenendo bene a mente gli obiettivi, bisogna andare a vedere quei dati in grado di raccontare l'andamento della campagna e che effetto ha sia sugli utenti che sull'azienda. Se, nonostante i soldi investiti in inserzioni per la vendita di prodotti, comunque non aumentano i profitti, allora c'è qualcosa da aggiustare: forse il target è troppo ampio o troppo ristretto, è sbagliato il posizionamento, l'offerta è bassa, il contenuto non è attrattivo e la landing page non è studiata ad hoc per condurre l'utente a compiere l'azione. Nel prossimo paragrafo, troverai alcuni pratici consigli per trasformare i risultati di una campagna in risultati concreti per la tua attività.

Come comportarsi dopo aver analizzato i risultati della campagna

Immaginiamo che l'Ad, secondo il report, stia andando bene. L'inserzionista ha dati a sufficienza per capire cosa funzioni e cosa no e quindi vuole **migliorare la sua strategia**. Come può fare?

Potrebbe, per esempio, **aggiustare il valore dell'offerta d'asta**. In questo modo, può battere i competitors e posizionarsi meglio, raggiungere più utenti e guadagnare conversioni. Mettiamo che, non sapendo l'andamento della campagna, l'inserzionista abbia inizialmente optato per un'offerta automatica di Facebook. È il momento di personalizzarla. Il social network consiglia sempre una fascia di prezzo che parte dal costo minore e arriva a quello desiderato. Un'ottima strategia che di solito funziona per ottimizzare l'annuncio, è **offrire una cifra leggermente superiore al prezzo consigliato da Facebook**.

C'è poi un altro trucco per giocare con le offerte di Facebook in modo da far ***decollare*** **in fretta la campagna**: al momento dell'avvio, si può assegnare un budget che supera quello pianificato e abbassarlo dopo uno o due giorni. Questo porta Facebook a posizionare meglio l'annuncio da subito, mentre poi l'inserzionista abbassa il budget o lo regola secondo le esigenze.

Un altro modo per migliorare l'offerta è quello di **osservare il numero delle conversioni avvenute in un arco temporale**, il guadagno e decidere come aggiustare il budget. La formula da seguire è questa: bisogna dividere il valore delle vendite per il numero delle conversioni. Il risultato serve a calcolare la percentuale (minimo 20%) per incrementare l'offerta.

Un altro modo per aggiustare la strategia è **duplicare le Ads che funzionano meglio**. Non basta copiare delle inserzioni e attendere che esse siano performanti: serve ricalcolare il budget e diversificare i pubblici di riferimento. È bene anche cambiare alcuni dettagli estetici, come l'immagine o il copy, e raggiungere nuovi utenti. Ogni copia dovrebbe indirizzarsi a un segmento di pubblico diverso e performare quanto l'annuncio originale.

È utile anche **ridistribuire gli annunci**, ovvero copiarli, ma cambiare gli obiettivi e, di conseguenza, anche il formato e i costi. Non solo: testare **nuovi posizionamenti** è un'ottima strategia per raggiungere nuovi utenti. I report di Facebook Ads Manager consentono di osservare quale posizionamento renda l'annuncio più performante. Dopo aver letto questo dato, è possibile aumentare l'offerta per gli annunci con posizionamento migliore o eliminarne uno che non sta performando.

Facebook, fondamentalmente, è un social network, un luogo dove le persone interagiscono. Il linguaggio di Facebook passa attraverso **i like, le condivisioni, i *segui* e i commenti**. Ottimizzare questi elementi potrebbe dare una svolta all'andamento della campagna. Una maggiore interazione con il post potrebbe significare un aumento della considerazione dei contenuti e un aumento delle impression. Per ottimizzare le interazioni con un contenuto è bene partire da uno che ha già dimostrato di avere successo: l'opzione per fare questo è **usare un post già esistente**. Si può ripetere quest'azione all'infinito, in modo di concentrare l'attenzione intorno a un contenuto di successo. Il consiglio è quello di testare sempre nuovi formati e non insistere troppo col mostrare lo stesso identico annuncio per ridurre il rischio di affaticamento.

Come già accennato nel capitolo precedente, le campagne di Facebook non sono performanti a tutte le ore e giorni della settimana. È bene quindi leggere nel report **quali momenti della settimana contribuiscono al maggior numero di conversioni al costo più basso**. Ciò avviene utilizzando il menu Analisi e suddividendo le tue campagne in base al giorno. Di seguito, si può personalizzare la pianificazione dell'Ads secondo i momenti più performanti. Questa strategia, non solo ottimizza i costi delle campagne, ma tiene anche sotto controllo la frequenza, in modo che lo stesso utente non veda troppe volte l'annuncio. Inoltre, Facebook dà la possibilità di **non mostrare più l'inserzione a qualcuno *già convertito***. Basta selezionare questa opzione sotto il pubblico da escludere durante la personalizzazione e interrompere il targeting di chi ha già effettuato una certa operazione. Questo consente di investire il budget su nuove persone da trasformare in seguaci o clienti. Quando invece questo succede, una persona si annoia. Possono verificarsi due eventi: l'aumento dei feedback negativi e quello del costo per clic. Immagina di incrociare quattro volte un annuncio. Magari, la prima volta sei interessato, clicchi sul link, esplori il sito, potresti fare un acquisto o iscriverti alla newsletter, ma le altre tre lo ignoreresti e basta. Ciò vuol dire che, se la stessa cosa succede anche ad altri, aumentano le impression, ma non i clic. È bene, in questo caso variare un po' sulla forma degli annunci, cambiare le immagini, come si è già detto, e pianificarli in modo che si alternino durante la stessa settimana.

Quando si operano queste variazioni è sempre bene capire cosa potrebbe influire sui

risultati: il design delle inserzioni, il copy, l'offerta, i pulsanti, il posizionamento, gli obiettivi. Bisogna, inoltre, essere pazienti e attendere che Facebook elabori completamente i risultati prima di apportare variazioni.

La canalizzazione dei Facebook Ads

Il termine canalizzazione è molto presente in tutte le strategie marketing, anche sotto al nome di **funnel**. Esso indica il percorso che un visitatore esegue prima di passare alla conversione desiderata dal marketer.

Un **percorso "a imbuto"** avviene in tutti i processi d'acquisto: si parte da una ricerca, si passa attraverso la raccolta di informazioni, il filtraggio delle possibilità e, solo alla fine, all'acquisto del prodotto. Prima di arrivare a questo punto dell'imbuto, può succedere di tutto: l'utente potrebbe annoiarsi, abbandonare il carrello, scegliere un competitor ecc.

Lo schema del funnel nel marketing serve a studiare ogni passaggio che effettuerà l'utente per compiere un'azione, monitorarlo e modificarlo se necessario. Vediamo ora come questo concetto si adatta alle Facebook Ads.

Funnel di Facebook Ads

Un annuncio su Facebook aiuta molto a farsi notare, generare lead e aumentare il traffico sul sito web, ma tra queste attività e le conversioni, le vendite, insomma, tutto ciò che fa veramente guadagnare c'è la coda dell'imbuto che si fa sempre più stretta e non lascia spazio a tutti gli utenti. È normale: in tanti incrociano l'annuncio, un po' di meno cliccano sul link e ancora meno acquistano il prodotto promosso. Questo schema ha proprio **la forma di un imbuto** la cui cavità superiore è larga e si restringe man mano che si scende.

Su Facebook il funnel consiste nel **trasformare chi incrocia l'annuncio in cliente**, quindi, in quei tre passaggi che abbiamo visto all'inizio del manuale: si parte dall'awareness, per passare dalla considerazione, fino alla conversione. Qui si aggiunge anche una fase post- conversione che mira a mantenere attiva l'attenzione dell'utente e invitarlo a ripetere l'azione. Traducendo questi passaggi, il funnel mira a trasformare dei perfetti sconosciuti iscritti a Facebook in interessati, poi interattivi (i lead), clienti e, infine, in clienti abituali.

Il motivo per cui gli utenti di Facebook non portano subito a termine l'azione è perché non conoscono bene il marchio. Bisogna, quindi, creare dei **punti di contatto**, senza stravolgere l'esperienza dell'utente: questo, infatti, non naviga su Facebook per vedere pubblicità, ma per socializzare e scoprire qualcosa di nuovo e un annuncio che attiri la sua attenzione e lo coinvolga è una strategia efficace per farlo entrare nel funnel.

Il processo di canalizzazione, dunque, parte dalla scelta dell'obiettivo, del target e dell'estetica dell'annuncio, secondo i consigli che hai letto nei capitoli precedenti. Bisogna cominciare attirando l'attenzione di quello che in marketing si indica come **pubblico freddo**, un gruppo di persone che ancora non conosce il marchio. L'obiettivo è quello di fargli conoscere i prodotti, la vision e tutto ciò che riguarda l'azienda. Non si comincia, quindi, da subito impostando come obiettivo le conversioni o le vendite, ma l'awareness. Già qui si può proporre una demo, un ebook da scaricare, insomma, una ricompensa per aver visitato il sito, ma non ci si devono aspettare già dei guadagni. Si comincia con un **target relativamente ampio**, con determinate caratteristiche, ma non troppi limiti. Gli obiettivi possono essere la **brand awareness, l'aumento della reach, del traffico sia sul sito che sui contenuti o farsi contattare** da utenti curiosi e questi obiettivi si possono raggiungere con formati di annuncio semplici, coinvolgenti e chiari. In questa fase, l'utente deve capire che otterrà dei vantaggi dal marchio e che sarebbe una buona idea seguirlo. Non è ancora il momento di invitare ad azioni specifiche, quindi, in questa fase **il copy dovrebbe solo intrattenere e informare**. L'obiettivo del testo è quello di incuriosire, per questo non dovrebbe contenere troppi dettagli, ma invitare l'utente a scoprire di più, per esempio, navigando sul sito aziendale.

Quando il pubblico *si è riscaldato*, **è il momento di farsi considerare**. In questa fase, l'utente dovrebbe visitare in modo approfondito il sito, considerare l'acquisto dei prodotti ma, soprattutto, rilasciare le sue informazioni di contatto, cioè dare fiducia al marchio. È qui che bisogna studiare un'ottima **landing page** che inviti i visitatori ad agire, ma senza troppi sforzi. In questa fase, il **targeting è personalizzato**, ma non ancora del tutto ristretto. È il momento di utilizzare la funzione del pubblico simile per attrarre solo chi è davvero interessato all'azienda e lo ha dimostrato online. Si parla, in sostanza, di **retargeting**. Gli obiettivi diventano più mirati: non più solo l'aumento del traffico e dei contatti, ma anche engagement, lead generation e conversioni. Adesso è il momento di **invitare all'azione**: è buona norma, come già detto, usare un lead magnet potente che spinga l'utente a lasciare i propri dati. Questi contenuti hanno lo stesso valore dei campioncini delle profumerie: spingono il cliente a considerare l'acquisto, a visitare il negozio, a chiedere informazioni. L'utente deve percepire il **valore** dell'azienda e di ciò che offre, il grado di fiducia e l'assenza di rischi nel diventare un cliente. Chi ha creato l'annuncio deve dimostrarsi disponibile a incontrare il cliente. Ciò è possibile, per esempio, fornendo pulsanti per approfondire le informazioni, richiedere preventivi, prenotare o installare delle app.

Arriviamo, infine, al momento più importante per i profitti: **il lead si trasforma in cliente**.

L'utente conosce il valore dell'azienda e prova più fiducia. È il momento buono affinché compri un prodotto. **Il target è molto specifico**, composto soprattutto da chi ha già dimostrato interesse per l'azienda. **Gli obiettivi riguardano le vendite, le conversioni e l'aumento del traffico in negozio**. Il formato dell'annuncio deve saper mettere in risalto il prodotto o il servizio, in modo che l'utente sia invogliato a mettere mano al portafoglio. Qui, a differenza che nelle pagine precedenti, è bene mostrare i prezzi, essere trasparenti. A volte, è proprio un costo vantaggioso a invitare all'acquisto. Si può parlare di spedizioni, garanzie, offerte, di tutto ciò che serve per ingolosire l'utente: è il momento giusto, adesso che il pubblico è caldo e interessato, per far superare ogni dubbio o perplessità riguardo il prodotto o l'azienda.

Una volta che un utente è diventato cliente, gli

sforzi dovrebbero concentrarsi sul fargli **ripetere l'acquisto, fidelizzarlo, promuovere il passaparola**. Gli annunci dovrebbero mostrare prodotti complementari a quelli già acquistati, nuove promozioni, incentivi per il rilascio di feedback, creare challenge per promuovere la soddisfazione nei confronti dell'azienda e fornire contenuti su come utilizzare i prodotti già acquistati.

Pixel di Facebook: cos'è e come aiuta nel funnel marketing

Durante tutto questo percorso è fondamentale monitorare i risultati. Il **Pixel di Facebook** può essere un valido alleato in questo processo. Si tratta di un frammento di codice da inserire nel sito web, in gradi di raccogliere i dati sulle conversioni provenienti dagli annunci di Facebook. In questo modo è possibile creare un pubblico di destinazione per le campagne future e fare retargeting più efficacemente. Funziona tramite l'attivazione di cookie e si ha sempre la certezza, grazie ai dati raccolti, che le future inserzioni incontrino le persone più propense a effettuare una conversione.

Insomma, nei vari touchpoint del funnel, il Pixel può aiutare a scovare i punti di forza e debolezza delle campagne e fornire suggerimenti per l'ottimizzazione.

Prima di passare al lato tecnico, riassumiamo i vantaggi di questo strumento:

- monitorare le azioni degli utenti provenienti dagli annunci di Facebook;
- vedere che dispositivo usano;
- calcolare il ritorno sugli investimenti, ma anche sulla spesa pubblicitaria;
- controllare il numero di conversioni, il costo per conversione e il tasso di conversione;
- migliorare le strategie di retargeting;
- costruire un target più efficace;
- mostra più metriche dei report tradizionali.

Vediamo come **installare il pixel di Facebook**: dalla *Gestione annunci* di Facebook Ads Manager si clicca su *tutti gli strumenti* e si seleziona *pixel*. Basta dare un nome al pixel ed è pronto. In alternativa, su Business Manager, nel menu di sinistra, si trova il link *pixel*. Una volta creato, sono le due piattaforme stesse a proporre il completamento della configurazione. Scegliendo l'installazione manuale, comparirà un codice da copiare. Va incollato in ogni intestazione delle pagine del sito da monitorare.

A questo punto, nel codice, bisogna inserire gli **eventi** che si vogliono monitorare. Di default, sono circa 17 e comprendono il numero degli acquisti, di iscrizioni, delle volte in cui si usa la funzione *cerca*, di prenotazioni, di richieste di contatto ecc. Questi sono gestibili anche dalla pagina di Facebook Events Manager, attraverso comodi interruttori.

Quando i visitatori approdano su un sito devono sapere che vengono monitorati dal Pixel: serve, dunque, dotarsi di una **privacy e cookie policy** per essere conformi alla legge sul tracciamento dei dati personali.

Il Pixel va testato: basta aggiungere l'estensione Facebook Pixel Helper al browser e verificare che essa indichi l'uso del Pixel quando si approda sulla pagina web dove è stato installato.

Software per Facebook Ads

Come avrai certamente intuito da ciò che hai letto fino adesso, la pubblicità su Facebook non è da sottovalutare: **non basta spendere molti soldi e attendere che questa attiri nuovi utenti**. Bisogna tenere d'occhio l'andamento degli annunci, correggere le strategie, eliminarli quando non sono performanti, cambiare il loro pubblico, il posizionamento ecc. Molte strategie di marketing da principianti falliscono proprio perché si pensa che Facebook Ads funzioni come qualsiasi altro mezzo di advertising, come un billboard o uno spot televisivo che si pubblica e si lascia lavorare.

Per gestire il marketing su Facebook sono necessari attenzione, skills di digital marketing e capacità analitiche. Se una persona non ha tempo di fare tutto questo o non ha abbastanza conoscenza, rischia di gettare via soldi, tuttavia può affidarsi a un **software per la gestione di Facebook Ads**.

Utilità di questi software

I tool dedicati a Facebook Ads sono innumerevoli e hanno tutti un solo obiettivo: **fornire aiuto all'inserzionista in modo che le campagne siano efficienti e non una perdita di denaro**.

Ne esistono di diversi tipi: alcuni in grado di analizzare cosa funzioni bene su Facebook, altri per la pianificazione delle campagne, la misurazione dell'efficacia di un'inserzione, fino a quelli in grado di spiare le strategie di promozione di un concorrente.

I software per Facebook Ads completano al meglio la strategia di social media marketing di ogni azienda, migliorando l'esperienza di pianificazione e lettura dei report e conducendo il marketer verso i suoi obiettivi.

Software per la gestione dei Facebook Ads

- **Qwaya:** si tratta di una piattaforma per la gestione delle campagne. Aiuta a pianificare la pubblicazione delle inserzioni quando il pubblico è online e pronto ad agire, aumentando le conversioni e anche il ROI. Grazie a Qwaya è più semplice e immediato monitorare quali campagne siano attive, quanto costino e come stiano andando. La sua particolarità sono gli **split test** molto precisi e utili attraverso cui è possibile ottenere di più da ogni euro speso per la strategia su Facebook. È uno strumento utile per chi vuole spendere bene i propri soldi, avere tutto sotto controllo grazie ad un'interfaccia più completa e professionale e avere dei ritorni consistenti.

- **AdEspresso:** è una piattaforma davvero semplice e intuitiva per gestire al meglio le proprie strategie marketing su Facebook. È **facile** da installare e usare, anche per chi ha appena cominciato a fare pubblicità sul social media. I report sono molto chiari e leggibili, le metriche permettono di approfondire la performance e, inoltre, sono presenti anche molte guide per i beginners della pubblicità su Facebook.

- **Hootsuite Ads**: nonostante la semplicità dell'interfaccia, questa piattaforma è tra le più professionali per gestire al meglio la pubblicità su Facebook. È possibile creare annunci velocemente e in modo efficace, risparmiando tempo, scansionare la propria pagina aziendale per trovare il target ideale e i posizionamenti più performanti, ma anche **personalizzare al massimo gli obiettivi**. Come nel caso di AdEspresso, Hootsuite offre guide complete per gestire al meglio gli annunci anche se non si ha esperienza con la pubblicità su Facebook.
- **AdStage**: questa piattaforma aiuta a gestire la pubblicità non solo su Facebook, ma anche su altri social network. Essa offre delle **soluzioni di gestione automatizzata**, ovvero è AdStage stessa a sospendere le campagne quando non funzionano o quando non sono in grado di dare il massimo, aumenta o diminuisce le offerte, il tutto avvisando sempre

l'inserzionista, che può personalizzare i parametri che il software deve rispettare.

- **Driftrock:** questa piattaforma offre molte più indicazioni sui momenti ottimali per pubblicare un'inserzione rispetto ad altre applicazioni. Tra tutte è quella che richiede più esperienza, perché **è molto precisa, ma anche la più personalizzabile**. Per dare un'idea di quanto sia precisa ed attenta alla buona riuscita di un'inserzione basti sapere che programma la sua pubblicazione anche in base al tempo meteorologico, a ciò che c'è in televisione o i risultati delle partite.
- **AdRoll**: adatta soprattutto per il retargeting, grazie alle sue funzionalità a dir poco professionali. Insomma, si tratta di una piattaforma che si concentra molto sull'**analisi del pubblico** e del suo comportamento, in modo da indicare all'inserzionista gli utenti che più sono interessati al suo annuncio.

Software spia per Facebook Ads

Perché spiare ciò che fanno gli altri? In ogni ambiente dove si fa pubblicità, in particolare su internet, la **concorrenza** è elevata e l'obiettivo è quello di attirare l'attenzione del pubblico più di quanto farebbe qualsiasi altro competitor. Spiarli aiuterebbe a comprendere le loro strategie, che pagine di destinazione abbiano creato, leggere i copy degli annunci e molto altro per acquisire un quadro complessivo e chiaro sui loro modi di intercettare il pubblico.

Sapere cosa fanno gli altri permette di creare strategie competitive e creare una previsione del loro successo in confronto a quelle dei competitors. Non solo: può essere un modo costruttivo per scoprire nuove tendenze, trucchi e molto altro per migliorare la propria strategia. I competitors, soprattutto quelli di successo, sono modelli da seguire e superare.

Uno spy tool, così chiamiamo questi software per scoprire ciò che fanno i competitors, esplorano il web, memorizzano tutte le inserzioni trovate e le salvano in un database.

Ognuna di queste viene poi categorizzata in base alle sue performance, al tempo trascorso dalla pubblicazione e al tipo di pubblico che riesce ad attrarre.

Di seguito, alcuni tool per lo spionaggio dei Facebook Ads:

- **AdSector**: questa piattaforma offre una ricerca semplice da usare e molto affidabile. Attraverso AdSector, l'inserzionista può trovare le aziende, gli annunci in base a parole chiave, pubblico o nomi. Le informazioni sul targeting degli annunci sono tra le più complete. Inoltre, è l'unico che sia in grado di dare informazioni sui costi della campagna, aggirando le pagine **cloaked money**.
- **AdPlexity**: particolarmente adatta per monitorare le campagne comparse su dispositivi mobili, questa piattaforma offre un database enorme di annunci con relative **landing page e pop-up** che si possono salvare e personalizzare, per adattarle alla propria strategia. Da

poco, inoltre, il tool ha aggiunto una versione E-commerce che permette di spiare altri negozi online e i loro prodotti.

- **Social Ad Scout:** questa piattaforma permette di spiare annunci Facebook di 30 paesi, da desktop o mobile, in **tutti i formati** (non tutti i software sono in grado di leggere alcuni tipi di Facebook Ads, come i Canvas Ads). Si tratta di uno strumento davvero completo con un sistema di ricerca tra i più precisi ed offre la possibilità di analizzare a fondo le strategie dei competitors, come il target di riferimento, le interazioni con gli annunci, i posizionamenti, le landing page, gli strumenti per l'e- commerce, le reti di affiliazione e molto altro.
- **PowerAdSpy**: si tratta di una piattaforma ben aggiornata e veloce, ma comunque semplice da usare anche per chi non se ne intende particolarmente. È in grado di trovare annunci in linea con quelli dell'inserzionista che svolge la ricerca, trovando solo ciò che potrebbe essergli utile. A questo punto, egli può

leggere il numero delle interazioni con l'annuncio, il posizionamento, il tipo di pubblico a cui è destinato, le landing page e molto altro. È stato studiato appositamente per **spiare i concorrenti su Facebook** ed è tra i più usati anche dalle grandi aziende.

- **Macaw**: questo tool è il più scelto da chi lavora con le applicazioni, perché è in grado analizzare le app dei competitors. Non si ferma solo a Facebook o alle applicazioni, ma anche ad altri social come Instagram e Twitter. Inoltre, il suo enorme archivio consente di andare a scavare a fondo nelle strategie dei competitors anche attraverso gli annunci non più online. Il servizio è molto veloce, facile da usare e preciso, tanto che Macaw è dotato di numerosi filtri per trovare sempre ciò che l'inserzionista cerca. Una funzione davvero utile è quella che **permette di visualizzare gli annunci più copiati**: essi sono quelli più di tendenza e che attirano più pubblico, quindi potrebbero rivelarsi dei validi modelli per altri inserzionisti.

- **WhatRunsWhere**: questo strumento è molto utile per estrarre i dettagli sulle creatività di campagne risultate vincenti e scoprire quali inviti all'azione stiano funzionando per i competitors. Ciò aiuta a migliorare il costo di ogni conversione. Inoltre, la ricerca è molto professionale, in quanto è in grado di selezionare gli annunci più in linea con la proposta dell'inserzionista che effettua la ricerca e di analizzarli a fondo per scoprire le strategie della concorrenza.

Strategie per Facebook Ads

Conclusa la spiegazione teorica su Facebook Ads, il suo funzionamento, come creare una campagna passo per passo e i principali tool per la sua gestione, voglio proporti delle strategie che puoi cominciare a mettere in pratica per attirare nuovi clienti. Si tratta di idee già messe in pratica che hanno dato ottimi risultati agli inserzionisti e potrebbero essere utili anche a te per il tuo business.

Consigli sulla targetizzazione

Per trovare il pubblico ideale, è utile creare delle **buyer personas**, ovvero una rappresentazione del cliente ideale basata su ricerche di mercato e dati reali. Ci sono diversi modi per definire delle buyer personas, tra cui utilizzare alcuni dei software che abbiamo già visto nello scorso paragrafo per raccogliere i dati dei visitatori, chiedere agli utenti di compilare dei form o **attraverso dei sondaggi**. Pensare a un cliente ideale non è solo questione di compilare la finestra "target" quando si crea una campagna, ma scavare a fondo nella vita delle persone, conoscere i loro dati demografici, i gusti, gli interessi, l'orientamento politico, i gruppi in cui si riconoscono e molto altro. Questa operazione non è immediata, ma **richiede tempo e aggiustamenti** mano a mano che la clientela evolve e l'azienda raccoglie i dati. Sapere chi è il cliente ideale aiuta a indirizzare il messaggio al pubblico giusto e fornire contenuti che questo troverà utile e pertinente.

Facebook, lo abbiamo già visto, non offre delle opzioni per costruire il cliente ideale descrivendone solo gli interessi e i dati demografici. Quando si vuole vendere un prodotto, in alcuni casi, bisogna scavare molto più a fondo nella vita degli utenti. Il cliente ideale è caratterizzato anche da **eventi** che sta vivendo e gli inserzionisti devono prestare attenzione anche a questo. Immaginiamo che un'azienda affitti appartamenti a prezzi stracciati e sia specializzata nel trovare più inquilini da inserire in una stessa abitazione. Chi potrebbe avere bisogno di un servizio del genere? Per esempio, gli studenti fuori sede, chi si vuole trasferire, chi proviene da un altro paese. Per costruire delle buyer personas, quindi, bisogna anche essere creativi e giocare con le impostazioni di Facebook: il parametro life events è davvero utile per intercettare quegli utenti che stanno vivendo una particolare fase della propria vita e necessitano di un particolare prodotto o servizio.

Una volta comprese le caratteristiche del cliente ideale, bisogna **analizzare il suo percorso d'acquisto e adattare la comunicazione ai vari step lungo l'imbuto**. Di questo abbiamo già parlato. Il passaggio successivo prevede la **segmentazione del pubblico**, fondamentale per dividere il target in piccoli sottogruppi con caratteristiche differenti e creare campagne diverse ed efficaci per raggiungere ognuno di essi. Alcuni utenti potrebbero non conoscere ancora il marchio e sarebbe quindi necessaria una campagna per accrescere la brand awareness, mentre altri potrebbero già essere clienti fedeli che potrebbero attirarne altri. Facebook semplifica la segmentazione dei clienti utilizzando i **segmenti di pubblico salvati**.

Provare offerte e segmenti di pubblico diversi è un ottimo modo per costruire la strategia degli annunci su Facebook. È importante individuare quei gruppi di utenti con tassi di conversione più elevati e dai costi più bassi. Per testare quale di questi diano migliori risultati, è bene utilizzare alcuni accorgimenti:

- impostare varie percentuali di pubblico simile e vedere quale funziona meglio
- variare il pubblico personalizzato periodicamente e analizzare se i risultati cambiano considerevolmente
- cambiare spesso i pubblici salvati.

Facebook offre un modo semplice e pratico per testare quali segmenti di pubblico siano più efficaci: quando si attiva lo **split test**, è possibile impostare delle variabili, tra cui l'audience. Ogni volta che l'inserzionista crea una nuova campagna, dovrebbe testare quale sia il pubblico più reattivo di fronte al suo messaggio, utilizzando sempre lo split test con variabile l'audience. L'importante è avere più segmenti di pubblico che non si sovrappongano tra loro. Ciò è possibile utilizzando la funzione di esclusione per rendere differenti i vari segmenti di pubblico.

Passiamo ora a parlare di remarketing. Un'ottima strategia per recuperare i visitatori che non hanno portato a termine delle azioni è quella di combinare gli annunci di Facebook con quelli di **Google Ads**. Abbiamo già visto quanto questo strumento possa rivelarsi utile quando l'inserzionista deve analizzare i report, ma la sua efficienza non si limita solo a questo aspetto. Si comincia creando su Facebook degli annunci che invitino gli utenti a visitare il sito web aziendale e poi si generano Remarketing List Search Ads. Si tratta di elenchi che *permettono di personalizzare la campagna pubblicitaria sulla rete di ricerca per gli utenti che in precedenza hanno visitato il tuo sito web e di adattare le offerte e gli annunci a tali visitatori mentre eseguono ricerche su Google e sui siti dei partner di ricerca* (fonte: Google Support). L'inserzionista può pagare, di solito a basso prezzo, lo abbiamo visto, dei clic su Facebook e generare liste di utenti a cui riproporre i prodotti o servizi a cui sono interessati con una campagna AdWords. In questo modo, è possibile **eseguire il remarketing verso tutti i visitatori del sito Web che si ricevono dagli annunci di Facebook.** Questa strategia è ottima per approfittare dei vantaggi di Google Ads ma aggirando gli elevati costi per accaparrarsi le parole chiave più performanti.

Se volessimo riassumere questo paragrafo in poche parole, diremmo che **il miglior**

targeting è quello diversificato e controllato attentamente. Un detto recita che non si può mangiare un elefante tutto intero, ma che bisogna farlo a pezzi e mangiarne un po' per volta. È un parallelismo macabro, ma è per farti capire che non si può indirizzare una campagna Facebook a un pubblico enorme convincendosi che più persone la vedranno e migliori saranno i risultati. È importante capire chi è il proprio cliente ideale, cosa fa, cosa gli sta succedendo, dove vive...insomma, è necessario entrare nella mente dell'utente e colpire un suo punto debole, fargli capire che sarà proprio il tuo prodotto a colmare quella mancanza. Detto questo, le persone non sono tutte uguali. Alcune sono più diffidenti, altre credulone, c'è chi è più propenso a spendere soldi e chi a cedere i suoi dati personali. C'è chi conosce l'azienda e chi no. Insomma, più il pubblico è segmentato, più l'inserzionista può creare annunci mirati e più sarà efficace la strategia di comunicazione. In questo processo, **Facebook offre tutti gli strumenti di targetizzazione necessari,** creativi e personalizzabili al massimo.

Consigli per una migliore gestione dei contenuti

- **Rispettare i passaggi del funnel, partendo da una consapevolezza forte:** le persone sono più propense a portare a termine un'azione se percepiscono una connessione emotiva con il marchio. Per questo, è bene non cominciare subito la propria strategia di marketing vendendo qualcosa, ma conquistando la fiducia dell'utente. Abbiamo visto che il processo d'acquisto ha origine dall'awareness, ovvero un primo contatto con il pubblico in cui l'azienda fa conoscere i suoi punti forti, la vision e i vantaggi dei propri prodotti. Attraverso la costruzione di una consapevolezza forte, un marchio può comunicare da subito con gli utenti, colpendo direttamente le loro emozioni. Questo rende efficaci sia le vendite organiche che le pubblicità su Facebook volte ad aumentare le conversioni. La strategia della promozione di messaggi per accrescere la consapevolezza è tipica dei marchi noti: alcune aziende note non hanno bisogno di raccontare i vantaggi o le caratteristiche dei propri prodotti, ma si limitano a dare "segnali di presenza". L'obiettivo degli annunci di brand awareness non è convertire immediatamente gli spettatori in clienti, ma di raggiungere un vasto pubblico e creare sensazioni positive di fronte ai prodotti e al marchio stesso. Come creare un'inserzione di questo tipo? Innanzitutto selezionando la brand awareness come obiettivo, un pubblico mirato, ma anche ampio, seguendo i suggerimenti di Facebook e condividendo contenuti come video e foto emozionanti, che colpiscano l'utente e lascino un ricordo positivo del marchio.

- **Convertire un contenuto già sperimentato in un annuncio video:** un'ottima strategia per risparmiare tempo e aumentare la copertura è riadattare i contenuti più efficaci a un video. Si tratta di un modo per riutilizzare creativamente dei contenuti forti senza produrne altri e proporre un annuncio a costo zero. Si può creare un carosello di immagine, uno slideshow o adattando un copy alla voce fuori campo per un video di animazione. Il video sta diventando sempre più popolare su Facebook e altre piattaforme di social media. Non solo è coinvolgente per gli utenti, ma anche adatto per qualsiasi obiettivo, dalla consapevolezza alle conversioni. Emerge spesso dai report che i video siano in grado di portare il cliente a eseguire un'azione molto più importante rispetto che ad altri formati di annuncio, diminuendo il costo per clic e anche per conversione. I video, inoltre, si adattano a diverse funzioni: mostrare ai potenziali clienti come funziona un prodotto, insegnare a quelli esistenti come si utilizza il loro nuovo acquisto, mostrare le testimonianze sull'affidabilità del marchio, i vantaggi del prodotto e molto altro.

- **Riutilizzare i contenuti:** è vero, il pubblico si stanca quando vede troppe volte lo stesso annuncio. Questo, però, non significa che sia necessario creare di volta in volta inserzioni partendo da zero. Ci sono alcune *strategie di riciclo* degli annunci che ne rinfrescano il contenuto: adattare, ad esempio, la promozione di un prodotto a un particolare tema in base al periodo dell'anno, a una ricorrenza, a un evento; cambiare l'obiettivo e il formato; intervenire sul restyling dell'immagine o del contenuto multimediale...
- **Puntare sulle emozioni del pubblico**: le campagne incentrate interamente sulle emozioni hanno un effetto quasi doppio

sugli utenti rispetto alle controparti più serie e tecniche. Non è solo una questione di copy in grado di comunicare un messaggio forte, ma anche di immagini efficaci. Non c'è solo la possibilità di fare leva sulle emozioni come la felicità, la tristezza, il disappunto o la rabbia, ma anche sui bias cognitivi degli utenti, come la paura di perdere qualcosa. Questa nota dolente del consumatore si tocca attraverso alcuni accorgimenti: mostrando quante persone stanno già utilizzando il prodotto o il servizio, rivolgendosi direttamente all'utente e sottolineando la sua attuale mancanza, indicando l'esclusività di un prodotto, utilizzando un'offerta limitata nel tempo e creando così urgenza. Un'altra emozione forte a cui bisogna puntare è la curiosità. Come si diceva all'inizio del manuale, un metodo per incuriosire l'utente è utilizzare un annuncio in formato carosello e rivelare qualcosa sull'azienda solo nell'ultima slide, in modo da convincerlo a far scorrere tutte le immagini. Se l'attesa cresce, di solito, l'utente è più propenso a fare clic sull'annuncio. Se poi questo contiene anche offerte o codici sconto, aumenta anche il desiderio di possedere l'oggetto promosso.

- **Utilizzare animazioni ed emoji**: la nostra comunicazione oggi è molto più veloce, tanto che a volte siamo in grado di sostituire un intero concetto con uno *smile*. Gli emoji sono diventati parte integrante del nostro registro linguistico scritto e tra utenti sappiamo interpretare il significato di ogni figura. Quando è bene usarli su Facebook Ads? Non così spesso come starai immaginando. È vero che una figurina colorata è grado di far cadere l'occhio sul testo, ma spesso porta l'utente a non prendere sul serio l'annuncio. Questo per vari motivi: gli emoticon interrompono la lettura, distraggono, rendono il copy più infantile, spesso sono utilizzati senza criterio oppure non rispecchiano il modo di comunicare dell'utente. Insomma, quando si tratta di disegni da integrare nel testo è meglio andarci piano. Se si è insicuri su questo punto, è meglio testare con uno split test l'efficacia del copy *pulito* e quello con qualche emoji.

- **Puntare sul content marketing**: gli annunci che mirano da subito alla vendita o all'iscrizione a un programma non funzionano, poiché l'utente ha bisogno di provare fiducia nei confronti del marchio. Questa si costruisce anche attraverso il content marketing, ovvero la proposta di contenuti di qualità come articoli di un blog aziendale. Gli annunci dovrebbero indirizzare l'utente al sito, dove potrà trovare informazioni sull'azienda e contenuti che lo coinvolgono. I vantaggi di questa strategia sono molteplici: è un modo a costo zero per attirare utenti, sia attraverso gli annunci, ma anche i motori di ricerca. Infatti, un articolo ben scritto in ottica SEO è in grado di attirare gratuitamente visitatori mentre effettuano ricerche dal browser. Ciò aumenta il traffico sul sito web e anche le conversioni. Un altro vantaggio è quello di raccogliere dati sugli utenti per impostare delle campagne di remarketing. Non solo: se un utente si rivela particolarmente interessato agli articoli del blog e spende tempo per leggerli, vuol dire che è molto probabile che si converta in cliente o interagisca con i contenuti. Grazie al content marketing, quindi, l'inserzionista riesce ad attirare più visitatori *di qualità*.

- **Rivolgersi a un pubblico "mobile":** sempre più persone utilizzano lo Smartphone o

il tablet per accedere a Facebook. Questo permette loro di focalizzare l'attenzione solo su un contenuto alla volta e non su una miriade di pulsanti, contenuti e annunci. Infatti, lo schermo del cellulare può contenere un post alla volta ed è necessario che questo sia il più coinvolgente possibile in modo che l'utente non passi oltre. Gli annunci devono essere ottimizzati anche per dispositivi mobili: le immagini devono essere di qualità, bisogna tenere a mente che il copy è spesso tagliato e sostituito dalla scritta "altro...", la navigazione deve essere semplice e veloce anche da Smartphone ecc. La strategia ideale sarebbe quella di creare annunci diversi per i vari posizionamenti. Infatti, mentre su Smartphone ci si concentra maggiormente sulle immagini e il testo principale, su Desktop l'occhio cade inevitabilmente sul titolo dell'annuncio. È per questo che gli annunci per PC o dispositivi mobili devono essere adattati al device di destinazione.

Parlare all'utente da dispositivo mobile, inoltre, consente di avanzare una strategia di marketing, ovvero quella di invitare l'utente a scaricare un'app. Facebook consente di impostare l'obiettivo "app install" e di seguire le indicazioni per la configurazione dell'annuncio. In questo caso, bisogna tenere a mente che esistono Android ed Apple. Un'app compatibile con entrambi, ovviamente, avrà più probabilità di attirare pubblico.

- **Non sottovalutare la pubblicità su Messenger:** gli annunci di Facebook Messenger non guidano i clienti a una pagina del social network o a una landing page, ma li invitano ad avviare una conversazione. Ciò si rivela particolarmente coinvolgente per l'utente, il quale acquisisce la percezione di essere in stretto contatto con l'azienda. Spesso gli inserzionisti si dotano di risposte automatizzate in modo da rispondere alle FAQ dei clienti, ma c'è chi si preoccupa di fornire delle risposte molto più *umane*.

Consigli per la promozione di un negozio, e-commerce o punto vendita

- **Promuovere una vendita diretta:** questo funziona nel caso di marchi noti e prodotti da proporre, specialmente con un prezzo basso, in offerta o in periodi speciali. Questa strategia è ottima in caso di remarketing.
- **Puntare all'aumento del traffico in negozio:** attraverso la pubblicità di

Facebook si può promuovere la vendita online, ma anche indirizzare le persone a un evento offline e in un negozio fisico. È utile indicare come obiettivo il coinvolgimento, la generazione di lead per aumentare il traffico, le conversioni, le vendite, le iscrizioni.

- **Caricare un catalogo dinamico e coinvolgente**: scegliere il formato del catalogo con obiettivo l'acquisto da questo è un'ottima strategia per aumentare le vendite. Ci troviamo nell'ultima parte del funnel, quando l'utente ha conosciuto l'azienda e ha bisogno di comprare un prodotto. Gli annunci dinamici che mostrano direttamente i servizi o gli oggetti in vendita sono molto interattivi e coinvolgenti e sono in grado di aumentare considerevolmente le conversioni. Questo perché è possibile vedere il prodotto, leggerne le caratteristiche e anche il prezzo. Questa trasparenza ricorda quella di qualsiasi e-commerce di successo, risulta quindi familiare all'utente che si sente più propenso ad acquistare l'oggetto. Il grado di fiducia che egli prova nei confronti dell'azienda è molto alto e questo non può che giovare all'inserzionista. Quando si adotta questa strategia è bene concentrarsi sul target che deve essere molto preciso e in linea con la proposta del venditore. Non si possono includere nel pubblico persone non propense all'acquisto, altrimenti si perdono solo soldi. Piuttosto, quando si sceglie di pubblicare il proprio catalogo, è bene studiare delle strategie efficaci di remarketing. Attraverso questa scelta, è anche possibile inserire sconti o offerte per invogliare ancor di più il cliente a comprare dal catalogo: l'ideale sarebbe mostrare i prezzi originari e aggiungere anche quelli effettivi dopo lo sconto.

- **Proporre un giveaway**: offrire dei prodotti in omaggio a seguito di un'azione dell'utente è un modo per aumentare la fiducia nel marchio, rendere più desiderabile il prodotto e aumentare l'interazione con l'azienda.

Spesso, poi, se l'utente non vince nulla, decide di comprare il prodotto, poiché il suo desiderio di possederlo è cresciuto grazie alla sfida.

- **Proporre offerte e sconti**: chi riceve un buono sconto percepisce un tasso di rischio minore rispetto a chi compra a prezzo pieno. Per questo, quando si ha tra le mani un coupon, un'offerta o comunque una diminuzione del costo di un oggetto, si è più propensi ad acquistare. Aggiungendo uno sconto al proprio annuncio, l'inserzionista ha più possibilità di convertire l'utente in cliente. Se poi utilizza la strategia dello sconto per tempi limitati, aggiungendo, magari, un countdown, il visitatore percepirà un senso di urgenza maggiore che lo spingerà a impossessarsi dell'oggetto. Un altro suggerimento utile potrebbe essere quello di rilasciare buoni sconto a quegli utenti già in contatto con l'azienda che portano a termine un'azione: taggare gli amici in un post, invitarli a mettere like alla pagina ecc.

- **Dare una prova sociale evidente:** alcuni inserzionisti sottovalutano il potere dei feedback, ma possono rivelarsi ottimi alleati per attirare potenziali clienti. I social network sono fatti apposta per comunicare con altri esseri umani e guardare che cosa fanno. Vedere che a qualcuno piace un contenuto, un prodotto, che lo ha apprezzato regalandogli cinque stelle o condividendolo in bacheca è un'ottima motivazione per imitare quel comportamento e trasformarsi in cliente. Aggiungendo una testimonianza all'annuncio, l'inserzionista mostra il grado di apprezzamento di un altro utente e riduce la percezione di rischio che il visitatore prova. Una strategia di questo tipo aumenta il senso di fiducia nei confronti dell'azienda, ma anche il desiderio di inclusione sociale: con gli esseri umani funziona così, se qualcuno prova un'esperienza o un servizio e percepisce un miglioramento nella sua condizione, l'inserimento in un particolare gruppo sociale o l'essere in possesso di uno status symbol, allora anche un testimone di questo miglioramento vorrà sentirsi come lui.

Consigli per usare Facebook Ads nel B2B

Finora il manuale ha affrontato il discorso Facebook Ads concentrandosi sulle strategie di marketing rivolte al consumatore. Ciò non significa che un'azienda non possa comunicare con un'altra impresa attraverso la pubblicità sul social network. **Le strategie non sono tanto diverse da quelle B2C**: di solito, le aziende vendono prodotti o servizi alle altre aziende e gli strumenti a loro disposizione sono gli stessi.

La strategia migliore è quella che non perde mai di vista il **funnel**:

- per rendere le persone **consapevoli** di un prodotto B2B è pubblicare un annuncio che indichi chiaramente di cosa si tratta. Il formato dell'annuncio deve mostrare il prodotto, la grafica lo deve enfatizzare, il copy, breve e chiaro, deve saperne esaltare i vantaggi. Gli obiettivi, in questa fase, sono due: attirare l'attenzione e creare fiducia. Perché non mostrare chi siano i clienti e il loro grado di soddisfazione? Perché non menzionare dei premi o degli spazi dedicati all'azienda sui media?

- per **interessare** i portavoce delle aziende, bisogna mostrare cosa si è in grado di offrire. Un'ottima strategia è quella di promuovere gli articoli più popolari provenienti dal proprio blog. Non solo: in questa fase è utile raccogliere contatti e il modo migliore per farlo, lo abbiamo già visto, è proporre contenuti di valore, come ebook, corsi online, podcast ecc. È possibile utilizzare i formati lead ads per velocizzare la fase di raccolta dati, ma è meglio portare gli utenti al proprio sito web in modo da escogitare strategie di remarketing durante campagne future.
- la fase della **considerazione** è quella più difficile nel B2B poiché le imprese potrebbero avanzare numerose obiezioni che le spingeranno a non acquistare il prodotto. Come superarle? Una strategia potrebbe essere quella di offrire una

prova gratuita. Oppure, mostrare, attraverso dati autorevoli, i vantaggi che il prodotto porta ad altre aziende. O ancora, l'inserzionista potrebbe condividere solo contenuti di alto livello per aumentare il senso di fiducia degli utenti.

- l'ultima fase, quella della **vendita**, è ancora più difficile. La decisione definitiva potrebbe avvenire dopo aver letto dei casi di successo che hanno acquistato il prodotto. Nell'annuncio è bene introdurre l'argomento con una frase a effetto come "Il prodotto di *azienda* ha cambiato la vita a *persona*", oppure "Il prodotto di *azienda* ha cambiato il modo di lavorare in *azienda*". Le storie di successo, poi, possono essere lette sul sito aziendale o su una *landing page* ad hoc. Un'altra strategia efficace per portare un'impresa all'acquisto è mostrare il costante miglioramento del prodotto nel tempo. Se si desidera, poi, puntare sulla vendita diretta, è una buona idea utilizzare sconti, offerte, cataloghi, demo e tutto ciò che potrebbe invogliare un utente a mettere mano al portafoglio.

Consigli per testare l'efficacia di un annuncio, contenuto o landing page

- **Usare degli smoke test:** si effettua tramite la realizzazione di una landing page che invita l'utente a sottoscrivere un servizio o ad acquistare un prodotto, facendo finta che esso esista. Basta far finta che ci sia un errore di connessione o qualcosa del genere dopo che l'utente ha dimostrato di voler mettere in atto la conversione. L'ideale sarebbe quello di testare più annunci e, quindi, più false landing page e analizzare quale sia più performante. Ognuno di questi deve essere destinato allo stesso pubblico e avere budget identico. Ovviamente, questo test deve durare poco, altrimenti potrebbe rivelarsi frustrante per un utente che desidera fortemente iscriversi alla pagina, acquistare il prodotto o scaricare un contenuto. Quando è chiaro quale sia la strategia più efficace, è bene metterla in pratica subito. Nel frattempo, per non perdere clienti, è meglio essere trasparenti e scusarsi per il tranello, magari offrendo dei coupon o buoni sconto.

- **Testare le creative prima di investire soldi:** come si è già accennato nei capitoli precedenti, è sempre bene approfittare degli split test di Facebook. Ciò che bisogna fare è ideare più varianti dello stesso annuncio, impostare un piccolo budget e lasciare che Facebook individui la variante più performante. Gli elementi che possono variare il risultato del test riguardano sia i contenuti che il formato, quindi è bene creare più annunci ben differenti tra loro. Soprattutto per quanto riguarda la parte creativa è bene fare dei test, per scoprire quale immagine o video attiri di più l'attenzione (se con un logo, delle scritte, colori particolari, un soggetto coinvolgente...) o quale testo sia in grado di fornire dei buoni risultati. Non solo: è bene non sottovalutare l'influenza dei pulsanti sul risultato della campagna. Lo split test di Facebook, infatti, è in grado di decretare quale invito all'azione sia più efficace.

Conclusioni

I social media sono il canale pubblicitario oggi più diffuso ed efficace. Le dimensioni del pubblico sono enormi, è possibile conoscere e monitorare le abitudini degli utenti, la copertura organica è in forte calo e le opzioni di targeting sono personalizzabili al massimo.

I social media vengono utilizzati sia dai grandi nomi del mercato, sia dalle piccole aziende, così come dagli individui. **È un metodo facile, aperto ed economico per fare pubblicità**. Anche con cifre minime come 5€ al giorno si possono raggiungere ottimi risultati in termini di copertura e conversione.

In questo libro hai potuto scoprire come funzioni Facebook Ads e come utilizzarlo al meglio. Non esiste un metodo unico, una formula universale, per avere successo attraverso le inserzioni su Facebook. Ci sono, però, **alcuni accorgimenti** che si possono adottare per non fallire totalmente e perdere soldi:

- prestare attenzione alla creatività, che sia di qualità, navigabile anche da mobile
- scegliere un pubblico coerente e mirato
- controllare il budget
- impostare delle offerte non troppo basse
- monitorare i risultati e verificare il ritorno sugli investimenti
- ottimizzare la campagna in base ai risultati, in modo da soddisfare l'algoritmo di Facebook e conquistare delle posizioni più prestigiose

Ciò che di più conta quando si gestisce un account pubblicitario su Facebook è il target. Ogni dettaglio della campagna deve essere creato ragionando su quello che il pubblico vedrà e come reagirà. È per questo che un targeting sbagliato rischia di far perdere tempo e soldi anche al più creativo degli inserzionisti. Bisogna tenere a mente che si ha a che fare non solo con un robot in grado di dare un punteggio al proprio annuncio e posizionarlo dove più verrà visto dagli utenti, ma anche con un **pubblico di esseri umani che può reagire in diversi modi di fronte a una pubblicità**. È per questo che è fondamentale essere creativi, ma senza sovvertire troppo il grado di familiarità che il pubblico ha con i contenuti. In poche parole, stupire va bene, ma senza disturbare troppo la mente dell'utente. In secondo luogo, è necessario capire le abitudini del pubblico, quando è online e più propenso a interagire con i contenuti. Infine, bisogna creare delle motivazioni che lo spingano ad agire secondo i desideri dell'inserzionista. Senza la componente umana che colpisce le emozioni dell'utente e la sua percezione del bisogno del prodotto, la campagna è destinata a fallire.

Per questo motivo, è fondamentale **tenere sempre d'occhio i report**. Se qualcosa non funziona, è bene non utilizzarlo. Sperimentare va bene, anche eseguire split test direttamente da Facebook, ma poi bisogna ragionare sui risultati, intervenire dove si può, concentrare il budget su ciò che funziona ed eliminare i contenuti meno performanti.

Il segreto per avere successo con Facebook Ads è **conoscere molto bene la propria azienda e i potenziali clienti**. Online si trovano molti suggerimenti su come creare e gestire campagne social efficaci, sono state scritte anche molte altre guide, ma nulla funziona bene quanto il tuo intuito: la tua azienda, infatti, non ha nulla a che vedere con le altre, quindi non limitarti a imitare ciò che vedi su Facebook.

Questo manuale ha cercato di affrontare tutti gli argomenti più importanti che riguardano i Facebook Ads, a partire dalla conoscenza dell'algoritmo del social network, passando per gli steps della creazione di una campagna, fino a giungere alla fine, dove hai potuto conoscere le strategie delle grandi aziende. L'augurio è quello che tutto questo sia stato utile a te e alla tua azienda e che ne trarrai solo il meglio. Ti lascio con alcuni consigli veloci e riassuntivi, sperando di motivarti a dare il massimo per raggiungere i tuoi obiettivi. Impara bene come funziona Facebook Ads ed estrapola solo il necessario dai case studies. Sperimenta e **aiutati con tutti gli strumenti che il web fornisce per gestire al meglio le campagne**. Non ci sono soluzioni giuste o sbagliate quando si usa Facebook Ads, ma solo efficaci hacks per far fruttare al meglio i propri investimenti e la creatività. Infine, se il libro ti è piaciuto ti invito a lasciare una recensione, i feedback sono sempre importanti per migliorare la scrittura dei miei libri.

E per ringraziarti della lettura ho preparato come omaggio un eBook gratuito contenente 25 idee di marketing applicabili qualunque sia il tuo business, per scaricarlo devi solo cliccare questo link, se invece possiedi la versione cartacea, puoi copiarlo manualmente.

https://mailchi.mp/16de3526b311/25-idee-di-marketing

Buona fortuna!

Francesco Mariani

Printed by Amazon Italia Logistica S.r.l.
Torrazza Piemonte (TO), Italy

22576151R00137